PROFIL D'UNE ŒUVRE

Collection dirigée par Georges Décote

FABLES

LA FONTAINE

Analyse critique

par Pierre BORNECQUE
professeur au Centre universitaire
Antilles-Guyane
Fort-de-France (Martinique).

HATIER

Sommaire

ISBN 2-218-05010-2

DU MÊME AUTEUR

Le Théâtre de Courteline : Nizet (1969).
La France et sa littérature : Desvigne (1968) (avec son frère Jacques).
La Fontaine fabuliste : 2e édition : S.E.D.E.S. (1975).
Le Comique et le Burlesque dans le « Roman comique » de Scarron : Annales de la Faculté des Lettres et Sciences Humaines de Yaoundé (1977-1979).
Les Rêveries du promeneur solitaire, de J.-J. Rousseau : collection « Profil d'une œuvre », Hatier (1978).

ABRÉVIATIONS UTILISÉES DANS CE VOLUME

L. = livre.
v. = vers.
Discours = *Discours à Madame de La Sablière,* situé à la fin du livre IX des *Fables,* et portant sur l'intelligence et l'âme des animaux. Il ne faut pas le confondre avec le second *Discours à Madame de La Sablière,* prononcé lors de sa réception à l'Académie Française, le 2 mai 1684.
Les fables sont indiquées par deux chiffres : le chiffre romain renvoie au livre, le chiffre arabe renvoie au numéro de la fable donné dans le livre par l'auteur : ex. V, 1 = livre V, fable 1 :
Le Bûcheron et Mercure.

Nos lecteurs trouveront à la fin de cette étude une table des deux cent quarante *Fables* en douze livres.

Les mots suivis d'un astérisque * sont expliqués dans le LEXIQUE, pages 77-79.

Introduction

- Lire La Fontaine, c'est découvrir un univers toujours divers, toujours nouveau, celui qu'a créé il y a juste trois siècles un poète qui, modestement, a prétendu traduire en vers les maigres récits d'Ésope, et qui, emporté par son génie, a créé la fable dramatique et lyrique, une comédie oscillant entre le sourire et la tragédie.
- Lire La Fontaine, c'est se laisser envoûter par le charme du conteur capable, en puisant aux sources les plus variées, d'imaginer des contes pleins de vie et de passion, depuis *Le Loup et l'Agneau,* conte cruel, *La Mort et le Bûcheron,* saisissante évocation de la dure condition paysanne, *Les Animaux malades de la peste,* âpre satire de la méchanceté et de la puissance, jusqu'aux *Deux Pigeons,* éloge ravissant et nostalgique de la passion amoureuse que le vieillard craint de ne plus connaître, sans parler des mille visages qu'il s'ingénie à donner à l'univers des hommes et des bêtes.
- Lire La Fontaine, c'est puiser dans ces œuvres immortelles et universelles, imitées dans le monde entier, des leçons de morale, de psychologie, de politique, de religion et même d'écologie*.
- Lire La Fontaine, c'est tenter de démêler la part de vérité et de mensonge voulus dans l'énigme organisée par l'auteur qui a cherché à donner de lui-même une fausse image, en nous faisant croire à sa paresse (comme plus tard Rousseau, qui, lui aussi, malgré ses cinquante ouvrages, fera naître cette légende), à sa propension à la rêverie et au sommeil perpétuels.
- Lire La Fontaine la plume à la main, comme l'auteur de cette étude, c'est, suivant le vœu de l'éminent critique Pierre Clarac, essayer « de rendre à une grande œuvre, embaumée dans une admiration paresseuse, les couleurs et les mouvements de la vie ».

LA BELLE VIE DE LA FONTAINE
17 JUILLET 1621 - 13 AVRIL 1695

- **La jeunesse sans souci** : 1621-1641 : il naît à Château-Thierry, à cent kilomètres à l'Est de Paris, en Champagne ; son père est « maître triennal des Eaux et Forêts* du duché de Château-Thierry » ; avec son frère Claude, futur prêtre, il reste jusqu'à douze ans avec ses parents, apprend le latin à Paris, tout en lisant romans et poèmes.

- **Les premiers essais** : 1641-1647 : que faire dans la vie ? Le jeune Jean est d'abord tenté par l'Église, premier État du royaume, qui lui aurait assuré la sécurité, et reste un an et demi à la Congrégation de l'Oratoire, mais il ne peut se plier à la discipline monastique ; il est alors tenté par de faciles études de Droit et, pour vingt écus*, achète un diplôme de licencié en Droit qui lui donne le titre d'avocat au Parlement*. En même temps, comme il faut bien que jeunesse se passe, il fait partie des *Chevaliers de la Table Ronde,* académie littéraire où il rencontre de nombreux amis ; il s'amuse, fréquente les cabarets, grande distraction d'une époque qui ne connaît que les processions, les foires et le théâtre pour échapper à la dure vie quotidienne ; il lit beaucoup, poètes et philosophes grecs et latins, poètes français, surtout Malherbe qui lui donne le goût des beaux vers, romanciers espagnols et italiens ; enfin il connaît ses premières amours, car, avoue-t-il : « *Mon destin est tel qu'il faut que j'aime ; / On m'a pourvu d'un cœur peu content de lui-même, / Inquiet et fécond en nouvelles amours ! / Il aime à s'engager, mais non pas pour toujours* » (A Clymène).

- **La tentation de la vie bourgeoise** : 1647-1654 : son père le marie avec une jeune fille de quatorze ans et demi qui lui apporte une dot de trente mille livres*, et lui offre des immeubles valant douze mille livres ; malgré cette richesse il s'ennuie et achète en 1652 une charge analogue à celle de son père, de *Maître des Eaux et Forêts**, pour douze mille livres, et il gardera cette charge jusqu'en 1671 en y ajoutant celle de son père à la mort de celui-ci, en 1658.

Il a une triple fonction qu'il remplira consciencieusement, tout en allant fréquemment à Paris ou à Sceaux : comme administrateur, il relève les amendes et les confiscations, réalise les ventes de bois ; magistrat, il préside le Tribunal des Eaux et Forêts qui juge chaque semaine les paysans voleurs de bois ou laissant paître leur bétail dans la forêt ; comme technicien, il inspecte les domaines placés sous sa juridiction, et connaît ainsi, à pied ou à cheval, la vie campagnarde, les saisons, la nature.

- **La tentation de la littérature** : 1654-1664 : poussé par ses amis, il se lance dans la carrière littéraire avec une adaptation en vers d'une comédie de Térence, sans succès. Son père mort, il doit régler une lourde succession et se chercher un protecteur en un temps où il semblait normal qu'un écrivain, faute de droits d'auteur inexistants, appartienne à la maison d'un grand, noble, riche ou ministre : de 1658 à 1661 il devient le protégé du riche ministre des Finances Fouquet* qui le reçoit dans son splendide château de Vaux-le-Vicomte et le pensionne. Mais le ministre est arrêté en septembre 1661 sur l'ordre de Louis XIV excité par Colbert*, et le poète se retrouve sans argent suffisant pour faire face à ses frais, sa charge lui rapportant peu ; il est en outre exilé quelques mois à Limoges (son seul grand voyage) sans doute pour avoir pris la défense de son ami Fouquet. Il cède aussi à la tentation de la vie mondaine et fréquente des nobles, des écrivains comme La Rochefoucauld, Perrault, Madeleine de Scudéry, des musiciens et des peintres, et il commence des *Nouvelles en vers* qui paraîtront en cinq parties de 1665 à 1674 ; enfin la tentation des femmes existe toujours, il n'aime plus la sienne.

- **La tranquillité et le succès** : 1664-1673 : il découvre une protectrice, la duchesse d'Orléans, qui, pour deux cents livres par an, le nourrit au palais du Luxembourg (le Sénat actuel) en lui offrant d'être un des neuf officiers présidant à tour de rôle le service de sa table ; très libre, La Fontaine partage son temps entre Paris et Château-Thierry. Il délaisse sa femme, dont il se sépare, et son fils unique, né en 1653. Il fréquente les salons tel celui de la duchesse de Bouillon, se lie d'amitié avec Boileau, Molière et Racine, et se lance dans quatre directions poétiques :

grivoise avec les *Contes* (1665-66-71), religieuse avec ses *Poésies chrétiennes* (1671), mythologique avec son roman en prose mêlée de vers, *Les Amours de Psyché* et de Cupidon* (1669), quelque peu moralisante avec le 1er recueil de *Fables* (1668). En effet la fable, bref récit ayant pour but de faire ressortir une vérité morale ou d'énoncer un précepte moral, était, jusque-là, un genre didactique* illustré surtout par le Grec Ésope (VIe siècle av. J.-C.), auteur de trois cent cinquante huit fables brèves et sèches, par le Latin Phèdre (30 av. J.-C. - 44 ap. J.-C.), auteur de cent vingt-trois fables élégantes aux tons variés, et par les Indiens à partir du IIe s. av. J.-C. Mise en français par Marie de France au XIIe siècle, transformée en épopée animale (*Roman de Renart*), elle a cessé, après Marot, de constituer un genre.

- **La gloire et la joyeuse vie**: 1673-1693 : ses *Fables* ont un vif succès, mais le duc de Bouillon lui rachète ses charges en 1671 et sa protectrice meurt au début de 1672 : il devient alors le protégé de la charmante Mme de la Sablière, dont il est l'ami. Il rencontre dans son salon des esprits libres qui influenceront les *Fables* du 2e recueil (1678-1679) ; libéré de tout souci matériel, il publie de nombreuses œuvres poétiques ou théâtrales dans tous les genres, qui lui valent d'être reçu à l'Académie Française en 1683. Mais il mène aussi joyeuse vie avec des amis libertins* comme les Vendôme, les Conti, les d'Hervart, et devient même le vieil amant d'une jeune et jolie Suédoise, Mme Ulrich. Hélas ! à la fin de 1692 il tombe malade, se confesse et revient à la pratique du catholicisme.

- **Le repentir et la vieillesse**: 1693-1695 : après la mort de sa protectrice, début 1693, il vient habiter chez ses amis d'Hervart où, le 12 février, il se repent de ses « contes infâmes » devant une délégation de l'Académie et reçoit la communion. Ses amis réfugiés à Londres veulent l'entraîner dans leur cercle d'exilés, mais il refuse, publie en septembre 1693 le L. XII des *Fables* et meurt le 13 avril 1695 à l'âge de soixante-quatorze ans, « avec une constance toute chrétienne ».

Le renouvellement de la fable par La Fontaine

1

Au moment où, vers 1663, La Fontaine se met à écrire ses premières *Fables,* le genre de la fable est sur le point de disparaître : il faut donc essayer de reconstituer l'environnement du poète pour comprendre ses motivations.

- **L'environnement culturel** : La Fontaine a été un élève sérieux : il a connu tout petit les récits d'Ésope, mêlés aux fabliaux du Moyen Age, aux contes de fées et au *Roman de Renart,* que les parents contaient à leurs enfants pour les distraire, grâce aux nombreux *Ysopets* ou recueils en langue vulgaire des Fables d'Ésope.

Au collège il a appris par cœur celles de Phèdre et d'Ésope dans des éditions scolaires dont la plus célèbre était le *Nevelet* (1610), constamment réédité ; en outre il a dû être initié à la théorie des fables par les Jésuites, qui encourageaient leurs élèves à en tirer des expressions littéraires et des maximes, et même à composer à leur tour des discours, des récits, des développements de morale et de petites fables en divers styles.

Artiste et observateur, le poète connaît les recueils d'*Emblèmes,* qui offraient une belle gravure précédée d'un titre, puis quelques lignes précédant le sujet, enfin un copieux commentaire moral : ces recueils l'ont influencé.

Grand **lecteur,** il puise chez les conteurs et les philosophes (Platon, Montaigne, etc.) de nombreuses idées.

- **L'environnement humain** : inquiet, et croyant aux joies que procure le cœur, il a de nombreux amis, de tempéraments très différents, qui lui fournissent des idées variées sur tous les sujets ; grâce à sa charge, il a observé la vie campagnarde, a pris le goût de la nature et des animaux, qu'il respecte ; il a fait l'expérience du mariage, qui finira par une séparation, le divorce étant interdit, et, tout jeune, a pris l'habitude des amours passagères, qui lui donnent un plaisir unique, irremplaçable ; cherchant la sagesse, libéral, mélancolique, pessimiste, il juge avec sévérité les hommes de son temps, aperçoit les abus de la royauté, qu'il critiquera dans ses *Fables,* bien à l'abri derrière les louanges apparentes.

- **L'environnement littéraire :** La Fontaine est un **opportuniste,** il cherche avant tout à plaire et l'affirme dans la *Préface* du 1er recueil : « On ne considère en France que ce *qui plaît ; c'est la grande règle, et pour ainsi dire la seule* » ; c'est d'ailleurs une des caractéristiques des classiques : aussi, habilement, profite-t-il de la mode des *Fables* ésopiques, et publie-t-il ses recueils à des moments favorables.

Mais il est aussi *ambitieux,* il veut élever la fable au rang de genre littéraire, qu'elle n'a pas, car elle est un simple moyen de développer la mémoire et d'inculquer la morale aux élèves. Comme elle n'est justement pas considérée comme telle, comme Boileau n'en parle pas dans son *Art Poétique* (1674), alors qu'il avait fait l'éloge des *Contes,* le poète a toute liberté de créer.

En outre **son goût** le porte vers la fable, qui lui permet de mettre en pratique ses qualités artistiques préférées : la nouveauté (voir *Clymène :* 1658) ; la brièveté (voir l'*Épilogue* du 1er recueil des *Fables : « Les longs ouvrages me font peur »*) et la variété (voir le conte *Le Pâté d'anguille : « Diversité c'est ma devise » :* 1674).

Enfin, astucieusement, le fabuliste a *« essayé »* ses Fables par le moyen des *Contes,* car ses fables sont des contes, mais qui offrent un autre but : ils lui permettent de tenter l'expérience du vers irrégulier et du vieux langage, qui mêle le badinage, la familiarité, la naïveté.

- **L'environnement politique** : les *Contes,* qui paraissent en même temps que les *Fables,* sont pour lui un paravent qui lui offre la possibilité de braver la censure : en effet comment accuserait-elle d'immoralité un fabuliste, qui se posait en simple traducteur d'Ésope, bon moraliste, et comment accuserait-elle d'engagement subversif et antimonarchiste un conteur grivois et superficiel, si amusant ?

En outre le critique René Jasinski est persuadé que c'est la politique qui amena le poète à la fable car, sous le couvert de récits d'animaux, inoffensifs, il pouvait impunément défendre son ami Fouquet et attaquer Colbert comme Louis XIV, roi tyrannique et guerrier.

• *Une nouvelle conception de la fable*

La Fontaine, en se mettant à son tour à écrire des fables, a trouvé un récit très bref et sec chez Ésope, plus élaboré chez Phèdre, qui lui fourniront la source de la majorité de ses fables. Mais, précise-t-il, « *Mon imitation n'est pas un esclavage* », et, dès le départ, il va s'efforcer, en ayant l'air de « mettre Ésope en vers », de créer en réalité un genre tout nouveau, qui évoluera au cours des trente années d'élaboration des *Fables :* 1663-93.

- **La conception du premier recueil** : la *Dédicace à Monseigneur le Dauphin,* la *Préface,* l'*Épître à Monseigneur le Dauphin* et les prologues de plusieurs fables indiquent les idées maîtresses.

Il faut d'abord instruire par la morale en imitant Ésope : « *Je me sers d'animaux pour instruire les hommes* » (*Épître*) ; mais, pour qu'elle nous pénètre mieux, il faut savoir conter habilement : « *Une morale nue apporte de l'ennui ; / Le conte fait passer le précepte avec lui.* » (VI, I) et il faut représenter au lecteur ce qui se passe de son temps, et pour cela ajouter quelque chose à Ésope : « *Si j'ajoute du mien à son invention, / C'est pour peindre nos mœurs* » (IV, 18) ; il faut cependant avoir du *goût : « Un auteur gâte tout quand il veut trop bien faire »,* en faisant la satire de nos vices principaux, pour amuser et moraliser en même temps (ce qui est aussi la devise de Molière, qui « châtie en riant les mœurs ») : ces vices sont *« la sotte vanité jointe avecque l'envie »,* la méchanceté, la sottise : *le Bûcheron et Mercure.*

Comment ? En transformant la fable en une immense pièce de théâtre où chacun, de la plante à Dieu, jouera un rôle : *« Une ample Comédie à cent actes divers, / Et dont la scène est l'univers. / Hommes, Dieux, Animaux, tout y fait quelque rôle : / Jupiter comme un autre. »* (V, 1, prologue, v. 27-30).

Ainsi la première conception est celle d'un conte s'adressant aux enfants, destiné à leur enseigner la morale de manière amusante en faisant du sec apologue ésopique une épopée* en même temps qu'un jeu distrayant et provoquant le rire par la peinture véridique de nos mœurs.

- **La conception du second recueil** : du conte moralisant pour enfants au journal intime pour adultes : l'*Avertissement* du recueil indique les idées maîtresses de l'auteur : il s'agit d'une conception bien différente de la première : la nouveauté est partout : dans l'art : *« j'ai jugé à propos de donner à la plupart* (de mes fables) *un air et un tout un peu différent » ;* dans les sujets, *« pour remplir de plus de variété mon Ouvrage » ;* dans les « traits », c'est-à-dire dans la peinture des mœurs humaines qu'il s'agit de faire habilement apparaître sous l'apparence animale ; dans la manière d'agrémenter les fables : *« il a donc fallu que j'aie cherché d'autres enrichissements, et étendu davantage les circonstances de ces récits » :* « circonstances » est un mot de stylistique qui indique tout ce qui peut faire connaître complètement un personnage ou un fait ; nouveauté enfin dans les sources : le fabuliste a encore emprunté à Ésope et à Phèdre, mais aussi *« à Pilpay, sage Indien »* (mythique), aux conteurs du Moyen Age et du XVIe siècle et même à un prêtre, le père Poussines, auteur d'un ouvrage en latin sur la « sagesse des vieux Indiens ».

Dix ans donc après le 1er recueil, la fable, dont la longueur moyenne est passée de trente vers à quarante-six (soit 50 % de plus), s'est transformée : elle n'est plus un simple apologue destiné à enseigner une morale aux enfants, elle devient le journal intime de La Fontaine sur tous les sujets philosophiques, sociaux et politiques du temps, et même sur la vie personnelle de l'auteur, qui fait des confidences sur ses amours : cette fable renouvelée s'adresse cette fois à des lecteurs avertis.

- **La conception du livre XII** : le couronnement de l'ensemble : si la conception n'est pas nouvelle, ce livre offre des fables plus belles, d'une plus noble inspiration, qui touchent parfois, comme la dernière, à la symphonie poétique ; en outre, pour grossir le volume, qui ne comportait que vingt-quatre véritables fables, l'auteur y a introduit deux contes, *La Matrone d'Éphèse* et *Belphégor,* deux poèmes imités d'Ovide, *Philémon et Baucis* et *Les Filles de Minée,* et un poème imité de Théocrite, *Daphnis et Alcimadure :* la moyenne des vingt-neuf fables est de quatre-vingt-quatre vers, mais en réalité de quarante-sept si l'on écarte les cinq poèmes imités de l'Antiquité.

2 Un panorama de la société humaine et de ses problèmes

La Fontaine a réussi à donner dans ses fables un panorama non seulement de la société humaine en général, mais aussi de celle de son temps, grâce à un monde de plusieurs centaines de personnages qui, des allégories aux animaux, ont un rôle à jouer dans la démonstration faite par l'auteur : *« Hommes, Dieux, Animaux, tout y fait quelque rôle : / Jupiter comme un autre »* (V,1).

LE MONDE FASCINANT DES PERSONNAGES LAFONTAINIENS

Le fabuliste les a souvent trouvés chez ses devanciers, dans l'actualité ou dans son imagination, et ils constituent deux groupes essentiels : d'un côté les **personnages moins importants :**

- en petit nombre, les comparses : allégories, éléments naturels, végétaux, personnages inanimés, femmes ;
- puis Dieu, le Maître de la Nature, qui apparaît souvent ;
- ensuite les personnages de second plan, légendaires, historiques, littéraires, religieux ;
- enfin les personnages privilégiés, ceux qui animent la comédie mythologique.

D'un autre côté les **protagonistes,** ceux qui dominent les autres : les hommes et les animaux.

Le premier groupe : les personnages moins importants

• *Les comparses : allégories, éléments naturels, femmes*

Les **allégories** expriment une idée par une image, ce sont des fictions qui nous présentent un objet afin d'éveiller dans notre esprit un autre objet : ainsi la Mort est représentée par un squelette tenant une faux. Dans les fables le *Dragon à plusieurs têtes* symbolise l'empereur d'Allemagne qui était élu par sept princes, le *Dragon à plusieurs queues* le Grand Turc, qui commande seul le puissant Empire turc ; la *Poule aux œufs d'or* symbolise la source de richesses qu'il faut savoir ménager ; les nombreux *miroirs* de I, Il représentent les autres hommes auxquels nous ressemblons par nos défauts, et en qui nous refusons de nous reconnaître ; le *Temps* symbolise la fuite inéluctable des années, qui fait tout oublier.

Le poète **personnifie des éléments naturels** : la Mer symbole de dangers (IV, 2), le Soleil symbole de Fouquet (VI, 3) ou de Colbert (VI, 12), la Montagne accouchant d'une Souris (V, 10), la Lune (VII, 17), le Soleil, principe de vie (IX, 7), la Rivière, représentant les gens tranquilles mais dangereux, face au Torrent, symbole des personnes agitées mais pacifiques (VIII, 23), le Vivier, qui représente la fausse sécurité (X, 3), les Autans violents (XII, 25).

Il personnifie aussi les **végétaux** qui deviennent des héros symboliques : le Chêne est l'orgueil face au Roseau, l'humilité (I, 22), le Soliveau est le bon roi (III, 4), les Raisins sont le but impossible à atteindre (III, 11), la Vigne, le sauveur (V, 15), le Gland et la Citrouille démontrent l'existence de la Providence (IX, 4), l'Arbre accuse l'Homme (X, 1), le Buisson est un commerçant malheureux (XII, 7), la Forêt comble l'Homme de ses bienfaits (XII, 16), enfin les époux fidèles se métamorphosent, Philémon en Chêne et Baucis en Tilleul (XII, 25).

Les **personnages inanimés** sont également symboliques : les Bâtons flottants (IV, 10) symbolisent la puissance, de loin imposante, de près sans danger ; le Buste, ce sont les Grands sans cervelle (IV, 14) ; le Cierge (VII, 8) donne une idée de la diversité des êtres et de la folie de certains ; le Coche symbolise les affaires dont se mêlent des importuns (VII, 8) ; l'Estomac symbolise *« la grandeur royale »* (III, 2) ; le Fromage est la demeure agréable du Rat égoïste (VII, 3), et l'on dit encore « se trouver bien dans son fromage » ; la Goutte (II, 8), terrible maladie, rend les hommes égaux devant la souffrance ; les Membres du corps (III, 2) représentent les États[1] sociaux qui tirent leur force de la puissance du roi ; la Perle (I, 20) symbolise l'objet précieux qu'on ne sait pas estimer à sa juste valeur ; la Peste de VII, 1, qui ravage les animaux, symbolise le péril le plus terrible qui frappe un État, et, pour lui résister, le Roi estime avoir droit de vie et de mort sur ses sujets ; le Pot au lait de Perrette représente le projet qui donnera la fortune (VII, 9) ; le Pot de terre est l'homme faible qui ne doit pas s'associer au puissant, le Pot de fer (V, 2).

Les **femmes** sont beaucoup moins représentées que les hommes ; est-ce parce que la femme est, au XVIIe siècle, considérée comme inférieure à l'homme, ce dont se plaignent *Les Femmes savantes* de Molière ? Pourtant l'auteur les a beaucoup aimées ! Peu sont décrites, si l'on excepte la Fille prétentieuse de VII, 4 qui refuse tous les prétendants et finit par rester célibataire, Perrette la paysanne de VII, 9, petite capitaliste qui rêve de faire fructifier son bien, car elle connaît la valeur de l'argent, les deux pauvres Servantes de la Vieille avare (V, 6), exploitées tout le jour, la jeune Veuve de VI, 21 qui veut d'abord garder le deuil, puis reprend goût à la vie et réclame un *« jeune mari »*.

● *Un personnage essentiel : Dieu, le maître de la nature*

Élevé par des parents bons catholiques, resté dix-huit mois à l'Oratoire, le fabuliste n'a jamais oublié la religion de son enfance, même si rapidement il a cessé de la pratiquer et s'il a commis de nombreux péchés, dont celui de la chair, essentiel pour lui. Mais son existence n'a jamais été marquée de fautes impardonnables, et il retrouvera la pratique religieuse, et la communion, à l'extrême fin de sa vie ; il a même publié des

1. Il existait alors 3 *États* ou classes sociales : 2 privilégiés, l'Église et la Noblesse ; le 3e, le *Tiers État,* comprend le reste de la population, v. p. 26-27.

Poésies chrétiennes (1671). Rien d'étonnant donc si Dieu lui semble nécessaire à la marche de l'univers, et s'Il apparaît une soixantaine de fois dans les *Fables,* sous son nom (26 fois), appelé *« le Ciel »* (24 fois), sous l'aspect de Jupiter (8 fois), et quelquefois sous les noms de *« l'auteur de l'univers », « l'auteur de tout cela », « celui qui fait tout », « le Créateur », « la Divinité », le Fabricateur souverain », « le Maître de la Nature », « la Majesté suprême », « la Providence ».* (Voir, pour la religion de La Fontaine, page 37).

- *Les personnages de second plan : légendaires...*

Les personnages légendaires, historiques, littéraires et religieux sont nombreux, mais la plupart sont simplement nommés au cours d'une fable ou dans une dédicace. Aussi évoquerons-nous seulement les peuples dont le fabuliste étudie les grands traits : il admire les Anglais, parce qu'ils sont favorables à la science et aux beaux-arts (VII, 17), parce qu'ils *« pensent profondément... étendent partout l'empire des Sciences »,* mais ont *« peu d'amour pour la vie »,* se suicident assez souvent (XII, 23). Par contre La Fontaine condamne, dans l'Antiquité, les Abdéritains, peuple *« profane, injuste et téméraire »* (VIII, 16), les Athéniens, *« peuple vain et léger,... animal aux têtes frivoles »* (VIII, 4) ; les Romains pour leur impérialisme et leur colonialisme (XII, 20) ; de son temps les Espagnols, dont l'âme est *« plus grande encore que folle »* (IX, 15), surtout les Français : ils veulent paraître plus qu'ils ne sont (I, 4), étalent leurs hautes relations imaginaires et parlent de tout sans rien connaître (IV, 7), se croient de grands personnages, sont vaniteux (VIII, 15).

- *Les personnages privilégiés de la comédie mythologique*

Ils sont nombreux, car le fabuliste est imprégné de l'Antiquité, et il affirme dans l'*Épître à Huet* (1687) : *« Et, faute d'admirer les Grecs et les Romains, / On s'égare... » « Arts et guides, tout est dans les Champs-Élysées*[1] » Ces personnages

1. Dans la mythologie antique, séjour réservé aux âmes des êtres qui furent vertueux ; par extension : lieu privilégié de la beauté gréco-latine.

sont d'abord des dieux comme Jupiter, qui peut représenter Dieu (I, 13 ; V, 1 ; VI, 4), est paternel, plein d'indulgence pour les animaux (II, 8), car il aime s'amuser : *« Jupiter et le peuple immortel rit aussi »* (XII, 12). Il représente parfois Louis XIV, loué habilement : *« Cent dieux sont impuissants contre un seul Jupiter »* (XII, 10), ou même l'auteur, *« nouveau Jupiter »* (X, 14). Certains dieux symbolisent des ministres : Phébus est Fouquet auquel s'oppose Borée-Colbert (VI, 3) ; le Soleil de VI, 12 représente aussi l'insatiable Colbert. Certains héros moins importants représentent des amis de l'auteur comme Iris, messagère des dieux, qui est Mme de La Sablière (*Discours* ; XII, 15), ou le Sage, *« homme approchant des dieux »* (XII, 20), ou des vertus, comme Hercule, courageux et tenace (X, 13), Hécube, modèle d'abnégation (X, 12), ou enfin des défauts graves, comme *« l'Amour et l'ambition », « deux démons* (qui) *ont chassé la raison »* de notre vie (X, 9).

Ce **paganisme** de La Fontaine s'explique par diverses raisons : d'abord le fabuliste, nourri aux sources antiques, parle naturellement la même langue que les fabulistes, poètes, moralistes et philosophes anciens ; puis il offre « une explication mythologique et souriante de l'univers... (grâce à) une familiarité aimable où... les animaux débattent de leurs affaires avec les dieux (tandis que) mille allusions historiques ou littéraires constituent le cadre souple d'un paganisme naturel et bon enfant [1] ». Enfin il a imaginé une amusante psychologie des Dieux : ainsi l'inégalité règne sur terre parce que Jupiter *« pour chaque état mit deux tables au monde »,* l'une pour les forts, l'autre pour les petits (X, 6).

Deuxième groupe : les protagonistes : hommes et animaux

Ce sont évidemment les hommes et les animaux les acteurs les plus nombreux de cette *« ample comédie à cent actes divers / Et dont la scène est l'univers »* (V, 1) ; en nombre égal, ils constituent plus de la moitié de tous les personnages, soit que l'auteur les place ensemble (64 fables), soit qu'il laisse les animaux entre eux (104 fables). Mais ce sont toujours des hommes qui

1. Tourmand : *Introduction à la vie littéraire du* XVIIe *siècle,* Bordas 1979, p. 36.

se cachent derrière les animaux, comme le fabuliste le précise dans VII, 4 : *« Ce n'est pas aux Hérons que je parle ; écoutez, humains. »* Dans ce but, La Fontaine utilise un grand principe, le **symbolisme humain et animal**, qui, grâce à des procédés habiles, montre bien que ce sont en réalité des humains, avec leurs défauts, leurs vices et leurs rares qualités, qui sont représentés, et qui, symboles de différents types humains et sociaux, forment un panorama de la société.

L'EXTRAORDINAIRE SYMBOLISME HUMAIN ET ANIMAL

C'est l'habileté de La Fontaine d'avoir réussi à faire deviner, derrière l'animal, le type qu'il a voulu suggérer ; il emploie dans ce but plusieurs procédés.

- *L'humanisation :* il donne à ses animaux un caractère se rapprochant de leur apparence physique : le Chat, en général doux, habile à tromper, sera le trompeur ; le Lion, majestueux et puissant, sera le Grand, le Roi, etc.

- *Fusion entre « l'humanisation » et « l'animalisation » :* les deux procédés, insensiblement, fusionnent, si bien que le lecteur se demande si le Chat fait songer à l'hypocrite ou si c'est celui-ci qui rappelle le Chat, d'autant plus lorsqu'il mêle les termes réservés aux hommes et ceux consacrés aux animaux, comme dans *Les Obsèques de la Lionne* (VIII, 14) : « La *femme* du *Lion mourut :* homme + animal ; *Aussitôt chacun accourut / Pour s'acquitter envers le Prince* (homme)... *Il fit avertir sa Province* (terme humain)... *On entendit... / Rugir* (terme animalier) *Messieurs les Courtisans* (homme) ; de cette vision mixte on passe tout naturellement à la Cour de Louis XIV, où les courtisans sont un « Peuple (homme) *caméléon* (animal), *peuple* (homme) *singe* (animal) *du Maître »* (homme).

- *Un caractère humain donné à l'animal :* la Cigale est la gaspilleuse qui ne pense qu'à s'amuser, la Fourmi au contraire est la femme économe, prévoyante mais avare, la Grenouille est la vaniteuse stupide, l'Hirondelle la rêveuse. Et il souligne les ressemblances entre les hommes et les animaux : « Il y a des fronts plats et des bouches de reptiles, des faces de bouledogues, des masques léonins, des yeux de hibou... C'est par l'homme qu'il arrive à la bête plutôt que par la bête à l'homme[1]. »

Enfin il utilise des expressions humaines qu'il place dans la bouche des animaux : *« foi d'animal »* (I, 1), *« foi de hibou »* (V, 18), *« en sa langue »* (IV, 9), emploie des termes pour ses animaux : le Corbeau a une *« voix »*, le Chat va *« chercher femme »*, les Rats tiennent *« chapitre »*, le Lion a des *« ongles »* ; Ratapon a une *« armée »*, les Belettes ont un *« étendard »* (IV, 6) ; même les termes politiques entrent en ligne : *« le gouvernement de la chose publique / aquatique »* (IV, 11) pour la vie des marécages, le Singe est *« ambassadeur »* (XII, 21) et la Belette fait à Jean Lapin un cours de droit constitutionnel (VII, 15).

- *Organisation semblable de la société animale et de la société humaine :* les liens entre les animaux sont les mêmes que ceux existant entre les hommes : certains ont un nom : l'Âne Aliboron, Hélène la Poule, Margot la Pie, Jean Lapin, petit-fils de Pierre ; certains sont amis : Camarade Cerf, Loup, Ami Âne ; ils sont polis : M. du Corbeau, Sire Lion, ma mie la Pie ; ils sont parents : Père Âne, Mère Écrevisse, Frère Coq ; ils ont une hiérarchie : il existe une noblesse animale : Dom Bertrand, Dom Pourceau, Sultan Léopard, Portemaison l'Infante, le Roi Ratapon ; des titres divers : Capitaine Renard, Maître Corbeau, Grippeminaud l'Apôtre ; il existe en outre des rapports d'opposition : le *Loup* et l'*Agneau* par exemple.

- *L'influence de la tradition :* le fabuliste prête à ses animaux des qualités et des défauts trouvés chez ses devanciers, bien différents de la vérité scientifique montrée par Buffon et ses successeurs comme l'Allemand Konrad Lorenz : celui-ci a découvert que le Renard est bien moins intelligent que le Chien et le Loup des fables, que les Colombes sont cruelles, que le Lion est le plus paresseux des animaux chasseurs, et que les Fourmis et les Abeilles ne font rien la plus grande partie du temps. Nous sommes loins des animaux vus par La Fontaine, qui s'est laissé tromper par les savants de son époque.

1. Moreau, *Thèmes et variations dans le 1er recueil des Fables*, Sedes, 1960, p. 46.

- *Les erreurs du fabuliste dans les descriptions :* elles sont dues aux sources où il puise, aux gravures mal faites qu'il a vues, aux faibles connaissances de son temps, à son absence d'observation des bêtes et à sa négligence. Exemple : La Cigale ne chante pas, meurt à la fin de l'été (I, 1), le Canard n'est pas un *« Oison »* ni le Serpent un *« insecte »* (VI, 13), la Tortue n'a pas de *« dents »* (X, 2), le Singe n'a pas de *« pieds »* (I, 7).

- *Transformation de l'animal en un type social :* le Renard est le type du courtisan, le Loup du procureur du roi, le Chat de IX, 17 le malheureux prince qui va se faire battre pour faire plaisir au roi, le Chien de VIII, 7 est l'échevin malhonnête qui pille le budget municipal, etc. Aussi ces bêtes, mêlées aux hommes, finissent-elles par offrir un panorama assez complet, d'abord des plus graves vices et périls qui accablent les hommes, ensuite de l'actualité du XVIIe siècle, enfin de la société contemporaine de La Fontaine.

LE PANORAMA DES VICES ET PÉRILS QUI ACCABLENT LES HOMMES

Les voici, traités en dix à vingt-quatre fables, par ordre d'importance croissante.

- *La vanité* est un fléau : elle couvre l'ignorance des magistrats, empêche le Lièvre, fier de son agilité et méprisant la Tortue, de gagner une course, elle interdit le mariage de la Fille prétentieuse, elle peut même mener à la mort — telle la Grenouille qui veut se faire aussi grosse que le Bœuf, ou le Coq fier de ses succès amoureux, ou la sotte Tortue, qui, en se vantant d'être la Reine des Tortues, lâche le bâton porté par les deux Canards, et s'écrase sur le sol.

- *L'écrasement du faible par le puissant* est un scandale permanent : *« La raison du plus fort est toujours la meilleure »* (I, 10), le Loup, symbole de la force brutale, est le plus souvent mis en scène, c'est le méchant, sans foi, avide ; et l'Homme est un Loup pour l'Homme, comme le montrent Bossuet et Hobbes* *(Homo homini lupus)*, cruel et prouvant qu'il a raison de tuer le faible (I, 10). De même le fort comme la Vieille exploite le faible comme ses Servantes, les Rois exploitent les petits Princes, c'est la loi de la vie :

Jupin pour chaque état mit deux tables au monde.
L'adroit, le vigilant et le fort sont assis
A la première ; et les petits
Mangent leur reste à la seconde.» (X, 6, fin)

- *La folie* est à éviter à tout prix : c'est une folie pour le Cheval d'accepter l'aide de l'Homme qui lui enlève sa liberté (IV, 13) pour l'Homme de vouloir tromper le Ciel (IV, 19), de lâcher la proie pour l'ombre (VI, 17), de compter sur une longue vie (VI, 19), de se confier aux faux amis, si dangereux (IX, 1) ; c'est la Folie qui sert de guide à l'Amour, et pousse les Espagnols, dont l'âme est *« plus grande encore que folle »* (IX, 15) ; le peuple est fou, et accuse le Sage de folie (VIII, 26).

- *Le retour invincible du naturel* est impossible à éviter : *« Chacun a son défaut où toujours il revient »* (III, 7), ainsi la femme, qui fait notre joie, aura toujours *« l'humeur contredisante »,* les Vautours n'auront jamais l'âme tendre des Pigeons, car *« Rien ne change un tempérament »* (VIII, 16) : le Rat ne doit pas, sous peine de mort, oublier le naturel du Chat (VIII, 22), on ne peut détourner un être de sa fin, prétendre changer son naturel est pure illusion (IX, 7) et, hélas ! ces naturels opposés engendrent une perpétuelle Discorde (XII, 8 ; VI, 20).

- *Le vol et les voleurs* sont une plaie du XVIIe siècle : ce sont soit des bandits de grand chemin (I, 4 ; VIII, 23), soit des cambrioleurs (IX, 15), soit même des amis ; les plus dangereux sont les Rois qui volent les provinces des petits Princes (I, 13), les grands Seigneurs (II, 16), les magistrats cupides (I, 21), les Financiers qui gaspillent l'argent qu'ils nous volent (XII, 3), les écrivains qui plagient les autres (XII, 19) ; mais, comme nous serons tous mangés, *« Qu'importe qui vous mange ? homme ou loup »* (X, 3).

- *Le voyage et ses périls :* comment le fabuliste peut-il les connaître, si ce n'est par ouï-dire, lui qui n'a jamais été plus loin que le Limousin ? Il est agréable de voyager pour connaître des pays et des mœurs inconnus ; le voyage permet de rêver à la fortune, comme Perrette allant à la ville vendre son lait (VII, 9), ou comme le Curé conduisant son Mort au cimetière (VII, 10) ; mais les voyages sont dangereux, soit en l'air, comme celui de la Tortue qui finit par se tuer (X, 2), soit sur terre, à cause des gens rencontrés et dont on ignore la vraie nature, tel le Souriceau avec le Chat (VI, 5), soit sur mer, à cause des récifs, des tempêtes, des Corsaires, des rivières (VIII, 18, 23) ; les amants ne devraient pas voyager, mais rester au logis et se tenir lieu de tout l'un à l'autre (IX, 2).

- *Le destin, la fortune, le hasard, le sort* sont toujours plus forts que nous : ce qui veut dire : Dieu est le maître de notre vie, nous ne pouvons rien contre sa Providence : il est impossible de prévoir le Destin : *« du Hasard il n'est point de science »* (II, 13), et seul Dieu connaît l'avenir ; donc les astrologues et les devineresses sont des charlatans, et leurs horoscopes ne valent rien.

En effet notre Sort *« dépend d'une conjoncture / De lieux, de personnes, de temps ; / Non des conjonctions de tous ces charlatans »* (VIII, 16) : notre Sort dépend d'une combinaison d'éléments réels, non des rencontres de deux planètes dans le ciel, comme le prétendent les astrologues. Le fabuliste dénonce *l'Ingratitude et l'injustice des hommes envers la Fortune* (VII, 13) : *« Le bien nous le faisons, le mal c'est la Fortune / On a toujours raison, le Destin toujours tort. »* Il est impossible de changer le cours du Destin, *« ni la plainte ni la peur »* (VIII, 12), celui-ci se plaît à nous jouer des tours inattendus, à briser notre orgueil, aussi *« Défions-nous du Sort »* (VII, 12).

Les humains oublient facilement leur malheur passé, et retombent dans les mêmes erreurs : *« Vrais Lapins, on les revoit / Sous les mains de la Fortune »* (X, 14).

La Fontaine proteste contre les athées qui, face au malheur, déclarent : *« C'est le Sort qui du coup est l'auteur »*, ou *« C'est le Destin qui me hait »* (X, 12), car c'est la Providence qui *« Règle les affaires du monde »* (X, 11).

Dans quatre fables le mot **Fortune** est pris dans le sens de « déesse qui apporte la richesse » : elle vient en dormant, comme le fabuliste le démontre dans une fable de son invention (VII, 11), c'est une Déesse inconstante qui se moque parfois de nous (IX, 16 ; XII, 4), et elle nous fait payer cher ses faveurs :

l'argent : le Sage *« lit au front de ceux qu'un vain luxe environne / Que la Fortune vend ce qu'on croit qu'elle donne »* (XII, 25, v. 11-12)

- *La fourberie* est un fléau fréquent ; aussi son symbole, le Renard, est-il le plus souvent en scène après le Loup (25 et 24 fables) ; mais il est trompé à son tour, comme le Loup, parfois vaincu. Le trompeur doit s'attendre à être trompé : *« Car c'est double plaisir de tromper le trompeur »* (II, 15) ; l'Amour peut nous tromper, comme le Lion (IV, 1), les Grands trompent par leur belle apparence, derrière il n'y a rien ; donc attention, *« la méfiance / Est mère de la sûreté »* (III, 18), et Dieu n'est jamais dupe ; quant au Sage, il se méfie de tout inconnu, prend ses précautions : *« Deux sûretés valent mieux qu'une »* (IV, 16).

En dehors de ces thèmes, qui préoccupent le plus l'auteur parmi la soixantaine qu'il a traités dans ses *Fables,* il existe un panorama des faits qui l'ont frappé de son temps, car, contrairement à ce qu'on croit, le fabuliste n'est pas un rêveur, mais un homme plongé dans l'actualité.

LE PANORAMA DE L'ACTUALITÉ BRÛLANTE DU XVIIe SIÈCLE

- *Commentateur de la politique* de son temps, il attaque la politique coloniale de Colbert, qui s'achève par la liquidation de la *Compagnie des Indes* en 1672.

En politique étrangère il critique l'avidité de la Turquie et de la Hongrie qui se disputaient *« une pauvre province »,* la Transylvanie, comme deux Voleurs se battent pour un Âne (1, 13) ; il loue au contraire le courage du roi de Pologne, Jean Sobieski, qui avait battu les Turcs à Vienne en 1683 et sauvé l'Europe (*Discours,* v. 118-120). Il cite le pape Sixte-Quint (1585-1590), qui avait joué la faiblesse pour se faire élire pape, et se demande ironiquement : *« Serait-ce bien une misère* (malheur) */ Que d'être pape ou d'être roi ? »* (X, 13) ; et il se moque du pape Innocent XI, élu en 1676, qui n'était pas fils d'un *« planteur de choux »,* mais d'un banquier (VII, 11) ; par contre Benoît XI était fils de berger et Urbain IV, fils de savetier ; il plaint le pape pour ses nombreux soucis.

- *Défenseur de son ami Fouquet,* et donc haïssant Colbert, il les peint dès la 1re fable : Fouquet est la Cigale, Colbert la Fourmi, et aussi la Grenouille jalouse et tâchant d'égaler la richesse de Fouquet ; au livre III le poète exprime sa tristesse après la condamnation du ministre, et continue sa satire contre Colbert aux livres IV, V et VI ; X, 9 (*Le Berger et le Roi*) rappelle les cabales contre Fouquet.

- *Chroniqueur de faits divers,* il s'amuse à nous conter des faits réellement arrivés en les transposant : celui du Curé tué par le cadavre de celui qu'il allait enterrer, la voiture s'étant renversée (VII, 10), la mort soudaine d'Henriette d'Angleterre, belle-sœur du roi (VIII, 1), le célèbre chanteur Michel Lambert (XI, 5), l'entêtement de deux grandes dames qui, en carrosse, se refusèrent le passage pendant cinq heures dans une étroite rue de Paris (XII, 4), la disgrâce du prince de Conti auquel le roi venait de pardonner (XII, 12) ; dans XII, 15 il fait allusion aux amis intimes de Mme de La Sablière, et la Tortue doit représenter l'auteur lui-même ; dans XII, 23 il fait l'éloge de Mme Harvey, veuve de l'ambassadeur d'Angleterre à Constantinople, qui voulait, avec d'autres amis exilés à Londres, attirer La Fontaine, auprès d'elle et de la duchesse de Mazarin : le poète a-t-il failli partir, et, s'il l'avait fait, ne serait-il pas devenu un opposant au régime de Louis XIV ?

- *Propagandiste au service de la politique royale,* tel est le plus étonnant, car il n'a jamais reçu de pension du roi, semble-t-il : comme le gouvernement, il fait la guerre aux charlatans (II, 13) et aux devineresses (VII, 14), fait allusion aux financiers malhonnêtes qu'il faut punir (III, 17), ridiculise l'avarice du clergé régulier qui, en 1675, a refusé de faire au roi un « don gratuit » de trois cent mille livres* (VII, 3), critique le trop grand nombre de fêtes religieuses (38 en dehors des dimanches, encore plus que le mois de congé de 1979) (VIII, 2), fait la satire des magistrats cupides (IX, 9) et celle des échevins prévaricateurs (VIII, 7), qui préfigurent le *Topaze* de Marcel Pagnol (1928). Il participe même à la propagande pour empêcher l'Angleterre d'entrer en guerre contre la France victorieuse (VII, 17) ; VIII, 4, dédiée à M. de Barillon, ambassadeur à Londres, le supplie d'empêcher le roi Charles II de se joindre aux pays coalisés contre la France ; XI, 1 souligne que Louis XIV reste toujours le plus fort. Le fabuliste tente aussi de persuader les Pays-Bas que la seule alliance du puissant Louis XIV vaut mieux que celle de *« plusieurs petits Princes »* (VIII, 18) et dans le L. VIII, 22 le Chat représente les Pays-Bas, qui doivent se rapprocher du Rat, la France.

- *Le panorama de la société contemporaine*

Du roi, monarque absolu, aux bas-fonds, c'est à peu près toute la société du XVIIe siècle qui défile sous nos yeux, même si l'évocation du fabuliste est souvent rapide, un croquis.

- **Le Roi** est constamment critiqué par La Fontaine, soit sous la forme humaine, soit sous l'aspect du Lion, qui, à partir du seconde recueil, le représente : le fabuliste ne se gêne pas, à l'abri des louanges au roi, au dauphin, au duc de Bourgogne, pour attaquer Louis XIV, qui ne possède pas les qualités nécessaires à un bon roi : il existe ainsi trente-deux allusions à lui, et seules deux lui sont favorables : seule la fable V, 19 qualifie le Lion de *« monarque prudent et sage* / (Qui) *De ses moindres sujets sait tirer quelque usage » ;* le Lion-Roi est hypocrite et laisse tuer l'Âne (VII, 1), cruel, tuant ses courtisans (VII, 6), stupide, se laissant tromper par un faux songe (VIII, 14) et croyant retrouver la jeunesse grâce à la peau du Loup écorché sous ses yeux (VIII, 3) ; il refuse d'apprendre la morale (XI, 5).

- **La Cour** est un monde à part, elle est pleine d'espions (IV, 3 ; XII, 11), de gens qui vous importunent (VII, 8), de dénonciateurs (VIII, 3), qui provoquent des cabales (X, 9) ; les courtisans n'ont aucune personnalité, ne pensent qu'à plaire au roi, ce sont des singes, des caméléons (VIII, 4), vivant sous la loi de la jungle et ne cessant de se détruire (VIII, 3) ; ils peuvent se sauver de la vengeance royale s'ils savent tromper le souverain (VIII, 14) ; comme des Chiens autour d'un gâteau, ils se disputent les pensions (X, 14) : ils sont méprisés par La Fontaine qui les attaque avec les juges, les enfants et les maîtres d'école.

- **Les grands seigneurs** font aussi partie de la noblesse, classe privilégiée comprenant environ trois cent cinquante mille personnes, exemptée d'impôts et n'ayant le droit d'exercer que le métier d'armateur, sous peine de perdre sa qualité : ils ne font rien (III, 2), sont vides (IV, 14) et insatiables (XII, 14), accumulent les dettes (XII, 7) : ce sont des incapables.

- **L'Église** est également critiquée : elle est privilégiée, comprend quinze archevêques, deux cents évêques riches, trente mille curés et quarante mille vicaires pauvres, cent mille moines et religieuses ; elle est très riche, car elle possède un revenu de trois cents millions de livres par an (six milliards de francs 1979) ; exemptée d'impôts parce qu'elle prie, organise l'assistance publique, enseigne et tient l'état civil, elle est avare, et refuse parfois le *don gratuit* (impôt déguisé) demandé par le roi tous les cinq ans ou dans des circonstances spéciales, comme pour couvrir les dépenses de guerre (VII, 3) ; les moines sont inutiles (VII, 8), parlent beaucoup et ne décident rien (II, 2).

Les prélats viennent faire leur cour au roi au lieu de résider dans leur diocèse (XI, 4) ; les prêtres sont de bons vivants à la campagne (VII, 10), imposent constamment de nouvelles fêtes chômées (VIII, 2), se font payer cher leurs soins religieux (XII, 6).

Les pèlerins ne sont guère pieux, le pèlerinage est une occasion pour les uns de quitter leurs parents, leurs patrons, leurs femmes, pour le Chat et le Renard de s'amuser, de médire et d'escroquer les autres (IX, 14).

- **Le Tiers État** (on ne disait pas « classe », mot du XIXe siècle) comprend le reste des sujets du Roi, soit dix-huit millions et demi environ : il est le seul soumis à l'impôt régulièrement, et comprend une bourgeoisie administrative, juridique et marchande, des artisans et ouvriers, des paysans dont la condition diffère beaucoup selon les provinces et les saisons, mais qui sont souvent misérables.

On peut classer ces professions en quatre catégories :
- *la vie urbaine :* les charitables, Juge arbitre et hospitalier ; les métiers subalternes, servante, savetier, intendant ;
- *la vie à la campagne :* le Seigneur de village et le propriétaire terrien, la laitière capitaliste, les exploités ;
- *la vie des aventuriers :* astrologues, charlatans, devineresses, chercheurs d'aventures ;
- *la vie en marge de la loi :* les voleurs.

• *La vie urbaine*

- *Les professions où l'on vole :* les **magistrats** insatiables ruinent les plaideurs (I, 21 ; XII, 13), rendent mal une justice (II, 3) dont la lenteur est excessive (XII, 29) et inique : *« Selon que vous serez puissant ou misérable, /*(VII, 1 fin) *Les jugements de cour vous rendront blanc ou noir. »*

Les **médecins**, aussi incapables (VIII, 3), se font payer cher sans profit pour le malade (XII, 6).

Les **échevins** (conseillers municipaux) pillent les finances de la ville (VIII, 7) ; aussi le roi leur retire-t-il le plus possible l'administration des cités.

Les **financiers** sont riches et parfois généreux (VIII, 2) ; appelés aussi *traitants, partisans, maltôtiers,* ils avançaient au roi une redevance déterminée et la recouvraient ensuite sous forme d'impôts : ceux qui étaient honnêtes le faisaient en prenant un intérêt raisonnable, les malhonnêtes gagnaient du cent ou du deux cents %. En 1720 ils formeront la *ferme générale* des impôts, au nombre de quarante, puis soixante sous Louis XV. De temps à autre on examinait les comptes des *traitants* et on leur imposait d'énormes amendes, comme Colbert en 1661-1665 (II, 17). Voir la comédie de Lesage : *Turcaret* (1709) ; la haine contre les financiers était telle qu'ils seront tous guillotinés sous la Révolution, même l'honnête Lavoisier.

- *Une profession hasardeuse : le marchand,* il s'enrichit difficilement, car mille dangers le guettent : tempêtes, récifs, corsaires sur mer, et il vend alors *« son tabac, son sucre, sa cannelle, sa porcelaine »,* il a *« chiens, chevaux et carrosses » ;* mais si tout se met contre lui, si ses navires sont mal frétés et que ses commissionnaires le volent, il est ruiné (VII, 13).

- *Une profession détestable : le pédant ou maître d'école ;* bavard impénitent, inutile (I, 19), il *« gâte la raison »* des enfants (IX, 5) ; ceux-ci d'ailleurs, l'auteur ne les aime guère : *« un fripon d'enfant, cet âge est sans pitié »* (IX, 2), sot, cruel, il abîme les arbres fruitiers (IX, 5), il tue d'une flèche l'heureuse Cloris (XII, 28, v. 441-443).

- *Deux professions charitables :* exercées par des membres de la Compagnie du Saint-Sacrement, fondée en 1627 et dissoute en

1665 (voir *Tartuffe,* de Molière), elles concernent la justice : le **Juge Arbitre** travaillait dans un *bureau des inimitiés* composé d'avocats, de bourgeois, de gentilhommes et de prêtres à résoudre gratuitement et rapidement les litiges ; l'**Hospitalier** se chargeait de soigner gratuitement les incurables dans les hôpitaux, comme le fit Mme de La Sablière aux *Incurables* à la fin de sa vie (XII, 29) ; il y a là sans doute un souvenir d'elle.

- *Trois métiers subalternes :* il y a ceux qui ne s'enrichissent pas et sont forcés de travailler sans arrêt : ainsi pour les *« deux pauvres Servantes »* que la Vieille exploite et qui suscitent la pitié du fabuliste (V, 6) : de même pour le **Savetier** ou cordonnier de VIII, 2, qui est pourtant gai, chante tout le jour, ne fait jamais de comptes et arrive juste à attraper « le bout de l'année » : aussi est-il ébloui quand le Financier lui donne trois cents livres (six mille francs 1979) ; mais il est malade de peur d'être volé, et préfère rendre l'argent au Financier pour retrouver la gaieté. Par contre l'*Intendant,* souvent sans conscience, est sûr de s'enrichir : *« Et plus le bien de son maître va mal / Plus le sien croît, plus son profit redouble »* (XII, 27, v. 162-163).

• *Joies et malheurs de la vie à la campagne*

- *Ennui et distractions :* le **Seigneur de village** du L. IV, 4 s'ennuie à la campagne et, appelé par un Jardinier à débusquer un Lièvre, y trouve une distraction ; indélicat, il vient avec ses serviteurs manger aux frais de son hôte, caresse sa fille, organise une chasse à courre à travers le beau jardin, qu'il dévaste complètement sans trouver le Lièvre.

Le **Jardinier** du L. IV, 4 habite parfois la ville, parfois la campagne où il s'occupe de son *« jardin assez propre »* (joli).

Les **propriétaires terriens** sont soit des bourgeois riches récoltant de belles moissons (IV, 22), soit des paysans aisés, laboureurs propriétaires (non des ouvriers agricoles louant leur travail ou des laboureurs à bœufs louant leurs animaux) ; celui du L. V, 9 est riche et montre à ses enfants *« Que le travail est un trésor ». Perrette* la Laitière du L. VII, 9 n'a pas non plus l'air malheureux, car elle rêve, en portant son *pot au lait* à la ville, des placements intelligents qu'elle pourra faire ; habile capitaliste, elle songe à acheter *une vache et son veau* et se voit déjà à la tête d'une ferme.

- *Les exploités dans la misère :* le **Croquant** du L. II, 12 est un paysan misérable, n'ayant pour toute arme qu'un *croc* de boucher, qui marche *les pieds nus,* et le fabuliste n'explique pas comment il possède *une arbalète,* réservée aux seigneurs.

Les **Bûcherons** sont aussi pauvres : celui de V, 1 n'a qu'une cognée en bois, comme son mobilier et sa vaisselle, car le fer est trop cher pour lui ; mais le mieux dépeint est celui du L. I, 16 qui offre la description la meilleure de la vie paysanne du XVIIe siècle, que l'on peut compléter par celle de La Bruyère : *Caractères* (XI, 128) : il est visible que La Fontaine prend en pitié cette vie sans joie et qui représente une succession de peines : *« point de pain quelquefois »,* car la technique agricole ne permet pas de récoltes suffisantes, et 2/5 des terres labourables restent improductives, ce qui cause des famines comme en 1660-1661, 1693-1694 ; *« et jamais de repos » :* les paysans travaillent du lever au coucher du soleil, de 9 h à 17 h en hiver, de 4 h à 21 h en été, et se reposent les dimanches et jours de fête religieuse ; angoissé, il se demande comment faire vivre *« sa femme, ses enfants »,* comment loger *« les soldats »* en campagne, comment payer *« les impôts »,* surtout la taille ou impôt direct, qui le frappe impitoyablement, comment rembourser *« le créancier »,* car il est souvent obligé d'emprunter à un taux usuraire de 20 %,[1] comment enfin fournir, épuisé comme il est, les journées de « corvée » au Seigneur de son village, lui et ses animaux, s'il en a.

Les **Bergers,** assez nombreux, ne sont pas assez caractérisés, sauf celui du L. X, 9 qui, remarqué par le roi, devient *« Juge Souverain »,* mais qui, en butte aux calomnies des courtisans, regagne avec joie son humble cabane.

Il faut mettre à part *« Le Paysan du Danube »,* assez bien décrit : *« Toute sa personne velue / Représentait un Ours... Sous un sourcil épais il avait l'œil caché, / Le regard de travers »* (XI, 7) : c'est un exploité du colonialisme.

1. Le mot *pourcentage* ne date que de 1839 ; aux XVIIe et XVIIIe siècles on disait *denier* avec un chiffre : ex. : 5 % = denier 20 (5 × 20 = 100) qui était le taux légal ; 20 % = denier 5 ; taux usuraire pratiqué par Harpagon dans *L'Avare,* et par Turcaret de Lesage.

• *Les surprises de la vie des aventuriers*

- *La sottise des astrologues :* celui du L. II, 13 tombe dans un puits et n'est qu'une « pauvre bête » ; ceux du L. VIII, 16 sont incapables de prévoir la guerre européenne. Quant aux **charlatans,** il ne valent guère mieux et mentent (VI, 19).

- *La vogue des devineresses :* ces diseuses de bonne aventue, sorcières et empoisonneuses jouissaient d'un grand crédit, fabriquaient des poisons pour les femmes désireuses d'hériter de leur mari, annonçaient *« ce qu'on désirait » ;* le procès de la Brinvilliers (1676) et de la Voisin (1679-80) avait montré les dangers qu'elles faisaient courir (VII, 14).

- *Les dangers des chercheurs d'aventure :* si le L. X, 13 nous montre deux chevaliers errants placés devant une aventure fabuleuse inspirée d'un conte oriental, si XI, 8 évoque un de ces jeunes gens qui espéraient trouver la fortune en *Amérique,* X, 15 imagine une étrange association : *« Un Trafiquant, un Noble, un Pâtre, un Fils de Roi... échoués au bord de l'Amérique » :* en effet nombreux étaient les Français attirés vers le Nouveau Monde dans l'espoir de faire fortune. Mais ici le fabuliste est d'une singulière audace, car d'abord il nivelle les conditions sociales, puis il ridiculise le Marchand, le Fils de roi et le Noble, qui n'offrent que des solutions stupides à leur situation désespérée ; seul le Pâtre (Berger) a l'esprit pratique et leur donne à manger en faisant des fagots qu'il vend. La Fontaine ose écrire : *« croit-on / Que le Ciel n'ait donné qu'aux têtes couronnées / De l'esprit et de la raison ? »* Ainsi c'est le plus humble des aventuriers, un homme du peuple, qui seul possède l'esprit et la raison : n'est-on pas proche de Rousseau ?

• *La vie en marge de la loi*

Le vol est un des fléaux du XVIIe siècle, et la police, insuffisamment nombreuse, n'arrivait pas à les arrêter ; même la peine de mort n'empêchait pas les voleurs de courir les routes (I, 13 ; IX, 13) où ils pillaient et tuaient, ni de cambrioler les maisons impunément (IX, 15).

3 Le passionnant message des fables

LE MESSAGE ÉCOLOGIQUE

- **Les joies du retour à la nature** : le fabuliste, dans le L. XI, 4, rêve de son exquise solitude, « *Biens purs, présents du Ciel* », où l'on peut, « *Loin du monde et du bruit, goûter l'ombre et le frais* », profiter de la fraîcheur des ruisseaux, dormir et songer à l'astrologie (condamnée pourtant dans les L. II, 13 et VIII, 16) et à la poésie ; le Sage, affirme-t-il dans le L. XII, 29, saura y trouver un refuge dans la solitude pour parvenir à la sainteté près d'une source pure en voyant clair en lui-même.

- **La défense de la nature** : le fabuliste proteste contre le massacre de la Nature par l'homme, son bourreau, qui s'imagine faussement que la création a été faite pour lui seul et qu'il lui est supérieur. En effet il n'existe pas de différence entre l'animal et l'homme : *L'Animal qu'on appelle Homme* (VI, 20) : donc celui-ci doit respecter les animaux, ne pas les sacrifier aux dieux. Que dirait le généreux poète en assistant au carnage des panthères et des bébés phoques dont on vole la fourrure ? Que penserait-il s'il pouvait apprendre comme nous que trente-six espèces de mammifères et quatre-vingt-quatorze espèces d'oiseaux ont déjà disparu, que de nombreux mammifères et cétacés sont menacés de disparition, car « l'histoire de l'humanité n'est que celle d'un long massacre. Assassinat de tout ce qui court, rampe ou vole [1] », s'il pouvait assister à la destruction impitoyable de cette forêt qu'il aime tant par les bergers, les agriculteurs et les chasseurs, sans parler des journaux qui en consomment des hectares !

Il faut donc revenir au sage principe « *Rien de trop* » (IX, 11), pourchasser les destructeurs de la Nature, car l'Homme est pour elle le « *symbole des ingrats* » (X, 1).

1. N. Skrotzky, *La Nature n'en peut plus*, Documentation française, 1971.

LE MESSAGE DE MORALE PRATIQUE

Le 1er recueil (1668) : **une morale traditionnelle** fondée sur les fables d'Ésope : elle signale les dangers qui menacent l'homme, indique les grandes lois de la vie, propose un bonheur simple, donne des conseils plus négatifs que positifs : se méfier des autres, tabler surtout sur ses propres forces et sur son travail, prendre sa revanche sur les méchants grâce à la supériorité de la personnalité sur la force brutale (I, 14) et en ne comptant que sur soi-même (IV, 22 ; VI, 28, 29).

- **Le 2e recueil** (1678-1679) : **une morale plus pessimiste :** elle signale d'autres défauts humains en plus de tous ceux dénoncés dix ans avant : l'homme est sot, ignorant, avide, rapace, cruel et se complaît dans les chimères. Même la Nature, animaux et plantes, l'accuse d'ingratitude, de voracité, de cruauté, de manque de pitié envers Dieu, de fourberie, un vice pratiqué par tous.

Il faut accepter la Mort inévitable, fuir la *fureur d'accumuler,* savoir goûter l'amitié si douce, chercher la retraite dans la Nature ombragée, rester en paix avec les autres peuples et les respecter, se montrer solidaire de ses descendants.

- **Le livre XII** (1693) : **l'esclavage des hommes :** presque tout le livre (29 fables) lui est consacré, car les hommes sont tristement *esclaves d'eux-mêmes* et de leurs passions, dont ils refusent de se défaire, car ils se trouvent très bien comme ils sont ; ils sont aussi esclaves de l'avarice, de l'orgueil, de la gloire, de l'impiété. La Nature est plongée dans un combat permanent, chaque créature ayant son opposé (XII, 8), et notre propre caractère est impossible à modifier, car nous sommes imperfectibles.

Pourtant le fabuliste tente de nous pousser vers la sagesse (v. p. 39) ; pour cela nous pouvons atténuer ces vices et adoucir notre vie par le pardon, trouver le bonheur dans l'amitié et l'amour, peut-être même grâce au mariage ; enfin la dernière fable, couronnement de tout le recueil, demande au Sage véritable de se retirer dans la solitude de la campagne, près d'une source pure, pour apprendre à se connaître soi-même, comme le veut *la Majesté suprême,* Dieu.

- **Malfaisance de l'homme en société :** comme les moralistes de son temps, le fabuliste reconnaît que l'homme est méchant, nuisible, isolé des autres par son égoïsme et ses vices, dans l'impossibilité de communiquer avec eux, corrompu depuis les magistrats jusqu'aux échevins, ne cherchant qu'à détruire le voisin par intérêt. Il constate que *« la raison du plus fort est toujours la meilleure*, que le peuple est *« profane, injuste et téméraire »*, *« vain et léger, frivole »* ou, comme le Français, vaniteux, vantard, plein du désir de paraître ; aucun ne reconnaît la valeur de la philosophie et de la science.

- **Cette morale est très contestée :** elle offre des défauts signalés par Rousseau, Napoléon Ier et Lamartine : *Rousseau,* dans le livre II de l'*Émile* (1762), affirme que la morale des *Fables* pousse les enfants au vice, car d'abord ils ne comprennent pas ces récits, et comme preuve il analyse vers par vers *Le Corbeau et le Renard ;* puis il estime qu'il ne faut pas apprendre aux élèves qu'il existe des flatteurs et des menteurs qui trompent les autres, car ils auront envie de se mettre à la place des premiers ; enfin il démontre que les leçons tirées de ces apologues sont pernicieuses, car ceux-ci enseignent à flatter, à être inhumain, injuste, moqueur et même licencieux. *Napoléon Ier,* dans le *Mémorial de Sainte-Hélène,* de Las Cases (1823), est du même avis que Rousseau : « *... condamnant qu'on donnât La Fontaine aux enfants, qui ne pouvaient l'entendre (comprendre)... Il était faux que la raison du plus fort fût la meilleure (I, 10) et si cela arrivait en effet, c'était là le mal... L'abus qu'il s'agissait de condamner...* »

Lamartine, dans la *Préface* de 1849 des *Méditations,* écrit : *... ces histoires d'animaux qui parlent... qui se moquent les uns des autres, qui sont égoïstes, railleurs, avares, sans pitié, sans amitié, plus méchants que nous, me soulevaient le cœur.* Les fables *de La Fontaine sont plutôt la philosophie dure, froide et égoïste d'un vieil-*

lard, que la philosophie aimante, généreuse, naïve et bonne d'un enfant : c'est du fiel, ce n'est pas du lait...»

SES DÉFAUTS :	SES QUALITÉS :
Sa banalité : elle suit la tradition de la fable. **Son «jeu» :** «les vers de moralité évoquent tous ces jeux mixtes de bel esprit et de vertu dont raffolaient les salons de l'époque.» (Saulnier : édition des *Fables*, I, p. 38-39). **Sa faiblesse :** elle ne nous présente aucune idée exaltante, car elle est fondée sur l'homme moyen. **Son esprit utilitaire :** mêlée de bien et de mal, comme la vie, elle nous montre comment réagir pratiquement. **Son esprit de dureté :** elle n'est pas chrétienne, conseille peu le pardon cher au Christ, pousse à la vengeance, à certaines guerres.	**Sa complexité :** elle évoque les mœurs habituelles des hommes et prétend montrer les réactions humaines. **Son universalité :** tout homme, dans quelque pays qu'il se trouve, peut en tirer un profit certain. **Son esprit pratique :** comme elle est expérimentale, elle nous place dans des circonstances que nous rencontrerons et nous donne une solution tirée de l'expérience. **Son idéalisme :** elle prétend quand même nous rendre meilleurs, pousse au travail, à l'amour des animaux et de la Nature, à la solidarité entre les générations, à la patience, à certains pardons.

LE MESSAGE PHILOSOPHIQUE ET SCIENTIFIQUE

- **Le rêve de La Fontaine** était d'écrire un grand poème philosophique annoncé dans le L. VII, 14, v. 13-14, et un grand poème scientifique annoncé dans XI, 4, v. 26-28 ; en outre il fait l'éloge de la science dans les L. VII, 19, 26 et XII, 23 ; enfin il étudie le problème des sensations sous l'influence du moraliste La Rochefoucauld qui lui inspire les fables I, 11, VII, 17 et X, 14.

- **L'influence de Platon** : il partage plusieurs de ses idées — sa croyance à la Providence, son horreur de la foule et du régime démocratique ; sa condamnation du sacrifice des animaux pour acheter de leur «*sang l'indulgence des dieux*» (X, 1). Il pratique comme lui la maïeutique, procédé qui permet par le raisonnement de faire admettre la vérité aux gens ; il aime comme lui mêler à ses récits des dialogues fréquents, et faire des allusions à Homère*.

- **L'influence du stoïcisme** : cette doctrine considère que l'âme atteint le souverain bien en écoutant la raison, en rejetant les passions et en rendant l'âme indifférente.

LE MESSAGE POLITIQUE

- **L'environnement historique** : la Fontaine a vécu sous Louis XIII (1610-1643), sous la minorité de Louis XIV (1643-1715) marquée par la Fronde (1648-1652), 1re révolution française. Il a pu voir les dangers de la monarchie administrative organisée par Colbert (1661-1683), et transformée peu à peu par Louvois (1672-1691) en monarchie guerrière, avec la 1re armée moderne forte de deux cent mille soldats.

Il a vu également la *Guerre de trente ans* (1618-1648) qui dévasta l'Europe par ses massacres et ses pillages.

- **Les grands problèmes étudiés** : la **conquête** est blâmée par l'auteur, pacifiste comme La Bruyère et Fénelon (*Télémaque*) ; les conquérants sont assimilés à des *voleurs* jamais satisfaits (I, 13), ne songeant qu'à arrondir leurs États (VIII, 27, v. 24-25), possédés de la *fureur d'accumuler,* car « *rien ne remplit / Les vastes appétits d'un faiseur de conquêtes* ». Certains, comme les Romains, pratiquent un affreux impérialisme colonialiste, car ils se croient supérieurs aux Germains injustement conquis : « *qu'on me die / En quoi vous valez mieux que cent peuples divers ? / Quel droit vous a rendus maîtres de l'univers ?* » XI, 7, v. 39-41 ; le fabuliste se montre un précurseur...

« *Un intérêt de biens, de grandeur et de gloire* » guide les hommes (X, 14) et surtout les rois tels Louis XIV, qui recueille *d'amples moissons de gloire* (VII, 17) ou le roi de Pologne, *défenseur du Nord* (*Discours,* v. 117) ; ce souci de gloire pousse la jeunesse à des morts *cruelles* (VIII, 1), par la guerre, aux « *mille inventions / D'une pernicieuse et maudite science* » *(Discours,* v. 131-132).

Quel régime choisir ? la **démocratie** étant un mauvais régime, il vaut mieux choisir la *monarchie* (VIII, 26), mais la sagesse pousse à conserver le régime trouvé à la naissance (III, 4), même si la monarchie « de droit divin » a une origine douteuse, peut-être une *coutume* ou un *usage,* et qui sait si le fils d'un roi a le droit d'hériter de son père (VII, 15) ? Cependant le peuple doit rester solidaire du monarque, qui commande (VII, 16), « *distribue en cent lieux ses grâces souveraines* » (III, 2), ne doit pas user du droit du plus fort pour s'emparer des biens de ses sujets (I, 6), et devrait posséder de nobles vertus : l'amour pour ses sujets, l'indulgence, la bonté, l'honneur, la maîtrise de ses passions ; ce qui laisse entendre que Louis XIV ne les avait pas.

LE MESSAGE RELIGIEUX

- **Le catholique à la foi solide** : le fabuliste est imprégné de la *Bible :* il utilise des paraboles évangéliques pour démontrer sa morale, il place des songes dans les fables VIII, 11 et XI, 4, car Dieu révèle la vérité en rêve, il rappelle des traits bibliques comme dans le dernier vers de IV, 19 : « *Je vois de loin, j'atteins de même* » ; il fait d'un conte du voyageur Tavernier une belle fable, *Le Berger et le Roi* (X, 9), qui fait songer à la vocation évangélique des apôtres, pêcheurs de poissons puis d'hommes, pasteurs de moutons puis d'hommes ; le roi dit au Berger : « *Tu mérites, dit-il, d'être Pasteur de gens.* » (v. 15).

Il imprègne de souvenirs chrétiens *Philémon et Baucis* (XII, 25), poème inspiré des *Métamorphoses* d'Ovide, en y situant le miracle du vin inépuisable (les Noces de Cana), la révélation divine (« *leurs yeux se dessillèrent*), et le souhait de l'ordination sacerdotale (*Et Prêtres vous offrir les vœux des Pèlerins* ? ».

Comme saint Paul, qui affirme : « *Des trois vertus, la Foi, l'Espérance et la Charité, la plus belle est la Charité* », il loue l'Hospitalier (v. p. 29) et le Juge Arbitre, tout en préférant la vie monastique, comme le saint du L. XII, 29.

Il prend la défense de la **Providence** contre les athées qui invoquent le *Sort* alors que Dieu seul guide notre vie, et il condamne sévèrement l'astrologie (v. p. 23).

Pour le fabuliste Dieu possède les **qualités** que lui reconnaît l'Église : la bienveillance (VI, 4, 18), l'intérêt égal pour les petits et les grands (I, 19 ; XI, 21), la même justice pour tous (XII, 21), la maîtrise de la Nature (IX, 11 ; X, 11 ; XII, 6), une extrême bonté (VI, 11 ; VII, 16 ; XII, 6), la sagesse : *Dieu fait bien ce qu'il fait* (IX, 4 ; XII, 8), ce qui annonce Leibniz* : « *Tout est pour le mieux dans le meilleur des mondes possibles* », et Lamartine : « *Tout est bien, tout est bon, tout est grand à sa place* » ; en outre, Dieu est clairvoyant (IV, 19), veut que l'homme se connaisse bien (XII, 29), a le droit de « *punir les crimes de la terre* » (VII, 1, v. 3).

- **Les déviations de sa religion** : on l'accuse de **paganisme** : épicurien, il considère la vie comme un *banquet,* la mort comme une simple formalité : le mourant fait *son paquet* : VIII, 1, v. 51-53 ; ayant une âme calme, il ne prend rien au sérieux, vit gaiement, a des maîtresses, abandonne sa femme et son fils, commet souvent des péchés, sans souci : « *Quand le moment viendra d'aller trouver les morts, / J'aurai vécu sans soins, et mourrai sans remords* » (XI, 4). Si on ne peut découvrir dans sa vie de fautes très graves contre la religion, il n'en reste pas moins un non-pratiquant, parfois même antireligieux, comme dans ces vers de VIII, 1 : « *La Mort ne surprend point le Sage ; / Il est toujours prêt à partir, / S'étant su lui-même averti / Du temps où l'on se doit résoudre à ce passage* » (v. 1-4). Or l'Église considérait comme indispensable de prévenir les mourants de leur état afin qu'ils puissent se mettre en règle avec Dieu ; le fabuliste, qui s'assimile au Sage, estime n'avoir pas besoin de cet avertissement. Sans doute avait-il confiance dans la miséricorde infinie de Dieu.

Enfin il croit à **l'animisme,** qui attribue une âme à tous les phénomènes naturels, aux plantes comme aux animaux, à toute la Nature : « *La Nature / A mis dans chaque créature / Quelque grain d'une masse où puisent les esprits* » (X, 14), et il précise dans le *Discours,* v. 177 : « *Cependant la plante respire* » et possède une âme végétative, tandis que l'animal a une âme sensitive, et l'homme une âme raisonnable et spirituelle : cette théorie est opposée à la doctrine catholique, pour qui seul l'homme possède une âme. Et elle annonce celle de Victor Hugo dans *Ce qui dit la Bouche d'Ombre* (*Les Contemplations,* 1856) : « *Tout parle. / Écoute bien, c'est que vent, onde ou flammes, / Arbres, roseaux, rochers, tout vit, tout est plein d'âmes.* Cet animisme qui affirme l'unité de tous les éléments composant l'Univers préfigure aussi celui de Nerval : « *Respecte dans la bête un esprit agissant : / Chaque fleur est une âme à la Nature éclose... / Tout est sensible ! Et tout sur ton être est puissant* » (*Vers dorés,* dernier poème des *Chimères,* 1855).

LE MESSAGE DE SAGESSE

- **L'idéal du fabuliste** : le sage. L'idée de sagesse s'exprime dans quarante fables et dans le *Discours,* si bien qu'une fable sur six montre La Fontaine préoccupé d'atteindre à la sagesse grâce à un équilibre maintenu à force de volonté et de résignation, grâce à un épicurisme raisonnable dans la liberté, et au pouvoir merveilleux du cœur.

- **L'équilibre de l'âme et du corps** : il exige que l'homme s'accepte tel qu'il est, se garde de *corriger la nature,* de supprimer ses désirs et ses passions, qu'il use de toutes les joies de la vie avec mesure et en fuyant ces vices qui empoisonnent son existence : l'ambition, la vanité, la cupidité, et en évitant les hypocrites et les fous. Que le Sage reste chez lui au lieu d'affronter les dangers des voyages et qu'il profite pleinement des multiples avantages de la science en apprenant à se connaître.

- **L'épicurisme** : il consiste à profiter au maximum de la vie, en jouissant des biens que nous offre la Nature, en restant en repos, *trésor si précieux,* en dormant le plus souvent possible pour oublier les tristesses de la vie, en se laissant aller aux rêves qui rendent tout possible, en fuyant les soucis inutiles et en étant toujours prêt à mourir sans remords et sans peur de l'Au-Delà. Mais pour cela il faut avant tout préserver sa liberté, même dans la pauvreté.

- **L'indépendance avant tout** : l'homme doit savoir rester libre, s'enfuir dès qu'un maître, son ennemi, prétend l'attacher même dans l'aisance ; il doit pouvoir satisfaire ses caprices, comme *Les Compagnons d'Ulysse* : « *La liberté, les bois, suivre leur appétit, / C'était leurs délices suprêmes* » ; il refusera éventuellement la civilisation, comme les Bons Sauvages chers au XVIIIe siècle que présente *La Discorde* : « *Gens grossiers, peu civilisés, / Et qui, se mariant sans Prêtre et sans Notaire...* » (VI, 20, v. 11-12).

- **Conformisme et résignation** : il faut accepter des lois qui nous dépassent, et le régime trouvé à notre naissance, sous peine d'en avoir un pire ; ne pas tenter de se faire entendre des Puissants : « *La Raison les offense... tout est né pour eux* » ; il faut donc « *Parler de loin* » (c'est-à-dire s'exiler comme ses amis de Londres) « *ou bien se taire* » (X, 1), car ni Princes ni Ministres n'écoutent, trop infatués d'eux-mêmes.

- **Le cœur source du bonheur** : « *C'est le cœur qui fait tout* » (XII, 25) : dans l'amitié, sentiment merveilleux qui unit deux êtres : « *Qu'un ami véritable est une douce chose* » (VIII, 11) ; les amis vivant *ensemble unis* forment une *douce société* et doivent se dévouer les uns aux autres (XII, 15) ; mais l'amour est encore plus beau par son intensité, à condition de rester *amants,* de fuir le mariage fâcheux : « *Chez les Amants, tout plaît, tout est parfait ; / Chez les Époux, tout ennuie et tout lasse* » (XII, 27, v. 118-119) ; et les *heureux amants* doivent suivre ce conseil :
« *Amants, heureux amants, voulez-vous voyager ?*
Que ce soit aux rives prochaines ;
Soyez-vous l'un à l'autre un monde toujours beau,
Toujours divers, toujours nouveau ;
Tenez-vous lieu de tout, comptez pour rien le reste. » (IX, 2, v. 65-69).

L'enchantement de la fable poétique et lyrique

4

Passant du sec apologue antique à un récit agréable et amusant, La Fontaine transforme la fable, genre jusqu'à lui uniquement moral, en une vaste comédie humaine préfigurant celles de Balzac et de Zola ; passant du pur enseignement à un poème où s'épanchent ses sentiments personnels, c'est-à-dire son lyrisme, transformant la fable en un genre engagé dans la politique, le fabuliste chante ses voix intérieures et nous enchante par la multiple splendeur de son génie grâce à ses dons, le premier étant un goût exquis.

LE GOÛT EXQUIS DE LA FONTAINE

Il possède un goût parfait dont Renée Kohn écrit : « *Don du Ciel, élégance suprême de l'esprit innée, et qui ne peut s'acquérir, il permet seul la perfection s'il s'ajoute aux autres qualités : car il représente pour le poète le don suprême. Le goût seul peut remplacer le fruit du travail et de l'expérience. Le jugement est une science dont on peut apprendre les règles, le goût est une élégance suprême de l'esprit qui ne s'acquiert pas... Une part fort honnête est faite au travail, à la patience, au jugement. Une part royale est réservée au don inexplicable accordé à un très petit nombre d'élus... L'écrivain a pour tâche de créer la beauté* [1]. » ; aussi de faire rêver et réfléchir. En effet le fabuliste, instinctivement, choisit le détail, le mot, le trait psychologique qui convient, il s'arrête à temps ; aimant la

1. Renée Kohn, *Le Guide de La Fontaine*, P.U.F., 1962, p. 22.

vie, il donne en peu de vers une impression d'intensité ; il rend les attitudes, les gestes des hommes et des animaux et tout ce qui révèle leur nature ; s'il se trompe parfois, il cherche la vraisemblance ; plein d'imagination, il ajoute à ses modèles en les adaptant, ce qui les renouvelle et plaît ; artiste-né, il réalise un dosage parfait entre le comique et le tragique, le réalisme et la poésie, la satire et la morale, mêlant à tout ses idées et ses sentiments qui créent un charme pénétrant.

L'ART DE L'AUTEUR DRAMATIQUE

L'auteur a qualifié l'ensemble de ses 240 *Fables* de « *Une ample Comédie à cent actes divers / Et dont la scène est l'Univers* » (V, 1) : mais cela ne signifie pas que toutes les fables soient des « comédies », soit, au sens du XVIIe siècle, des « pièces de théâtre » : en effet, seules 156 fables sont transformées en pièces que l'on peut diviser en 65 tragédies, 39 drames, 52 comédies, et, à côté d'elles on trouve 20 apologues*, 21 fables-épigrammes*, 31 contes et dix genres divers. Par ordre alphabétique : compliment*, conte de fées, églogue*, épître littéraire, hymne, idylle* mythologique, méditation philosophique, nouvelle, pastorale*, poème.

● *Les pièces de théâtre*

Comme toutes les fables, elles sont l'illustration d'un thème, mais en outre elles possèdent un décor, si mince soit-il, elles suivent une action progressive que l'on peut diviser en actes et qui se termine par un dénouement heureux ou malheureux, mettent en scène des personnages dont on distingue les traits psychologiques indispensables à la compréhension de l'action.

- Le décor est souvent inexistant, parfois vaguement esquissé, et n'est développé que dans dix fables, ce qui est peu : quand le fabuliste esquisse, il possède le don de suggérer en peu de mots, « et ses quelques traits apparentent son art à la vision japonaise... fait d'une union intime entre la densité extérieure, la simplicité totale du trait et l'intensité de l'impression traduite [1] ». C'est souvent la *Nature*, et spécialement l'eau sous les aspects les plus variés : *une onde pure* (I, 10), « *Le long d'un clair ruisseau buvait une Colombe* » (II, 12), « *L'onde était transparente ainsi qu'aux plus beaux jours* » (VII, 4), le Cerf du L. VI, 9 se mire « *Dans le cristal d'une fontaine* » ; les Dieux mêlent au vin « *le cristal d'une source* » (XII, 25) ; mais l'eau peut être menaçante « *Avec grand bruit et grand fracas / Un Torrent tombait des montagnes* » (VIII, 23), ou mortelle pour les aventuriers voués « *à la fureur des ondes* » (X, 15).

Parfois l'arbre ou la forêt servent de décor (X, 14) ou même de refuge pour le fabuliste fuyant l'agitation du monde : il va y chercher « *l'ombre et le frais* » (XI, 4), et le Juge arbitre et l'Hospitalier « *Vont confier leur peine au silence des bois* » (XII, 29).

Mais le fabuliste aime aussi les jardins : « *Là croissait à plaisir l'oseille et la laitue, / Peu de jasmin d'Espagne, et force serpolet* » (IV, 4) ; il s'apitoie sur les « *boutons, douce et frêle espérance* » des fruits (IX, 5).

Un trait lui suffit pour évoquer « *un chemin montant, sablonneux, malaisé, / Et de tous les côtés au Soleil exposé* » sur lequel six chevaux tirent un coche (VII, 8).

En dehors des montagnes et de l'océan, qu'il se plaît à prendre pour décor sans les avoir jamais vus (car on voyageait peu au XVIIe siècle), le poète va jusqu'à imaginer deux amis vivant « *au Monomotapa* » (VIII, 11), empire de l'Afrique australe peuplé de Cafres, mais que l'on croyait légendaire.

- **L'intrigue** est toujours clairement exposée en un ou plusieurs vers. Exemple : « *La Cigale, ayant chanté / Tout l'Été, / Se trouva fort dépourvue, / Quand la bise fut venue* » ; (I, 1) ; « *Pour un Ane enlevé deux Voleurs se battaient ; / L'un voulait le garder, l'autre le voulait vendre* » (I, 13, v. 1-2).

1. Moreau, *Thèmes et variations dans le 1er recueil des Fables*, C.D.U.-S.E.D.E.S., 1960, p. 34.

- **L'action** progresse selon la psychologie des personnages, et non suivant le caprice de l'auteur : ainsi le Renard sait qu'en flattant la vanité du Corbeau, il obtiendra le fromage ; elle est rapide comme le veut le genre de la fable, supprime tout détail inutile, respecte la vraisemblance et se termine en général par un dénouement, mais pas toujours.

- **Les personnages** ont tous leur psychologie propre, révélée dans leurs paroles et leurs actes, et chacun parle et agit suivant ce que le lecteur attend de son caractère et de sa condition sociale ; ce sont les acteurs qui incarnent une qualité, une passion, un vice ou symbolisent une idée.

• *Les différents genres dramatiques*

- **La tragédie** selon la définition classique est une pièce en vers, mettant en scène de grands personnages, présentant une action tragique et des conflits psychologiques graves, au ton constamment sérieux, et qui se termine généralement par une ou plusieurs morts (mais pas forcément ;exemple Racine : *Bérénice*). Exemple : VII, 1 acte I : exposition - v. 1-14 : la peste.

Acte II : début de l'action - v. 15-34 : discours du Lion qui s'accuse, et réponse habile du Renard courtisan.

Acte III : l'action se noue - v. 35-39 : chaque animal se disculpe, aucun ne consent à se déclarer coupable.

Acte IV : essentiel - v. 40-45 : discours de l'Ane, le seul qui avoue une faute très légère, et se déclare coupable.

Acte V : dénouement - v. 46-53 : l'assemblée décide la mort de l'Ane, incapable de se défendre parce que « misérable ».

- **Le drame** est une pièce en vers ou en prose comportant des éléments tragiques, mais aussi réalistes et parfois comiques, mais qui ne se termine pas forcément par une mort, et peut présenter un dénouement heureux : le *Don Juan* de Molière est un drame. Exemple : *Le Cygne et le Cuisinier* (III, 12) : acte I : exposition - v. 1-10 : le Cygne et l'Oison vivent heureux dans une ménagerie.

Acte II : l'action se noue - v. 11-13 : le Cuisinier ivre se trompe d'oiseau et s'empare du Cygne pour le tuer.

Acte III : essentiel - v. 14 : le Cygne se plaint en chantant.

Acte IV : dénouement - v. 15-19 : le Cuisinier, reconnaissant le Cygne à son chant mélodieux, renonce à le tuer.

- **La comédie** est une pièce souvent gaie, mais offrant des moments tristes (ex. *Tartuffe*), ayant pour but de divertir en peignant les ridicules, et dont le dénouement est toujours heureux : au théâtre, c'est un mariage : ex. VIII, 2 : acte I : exposition - v. 1-13 : le Savetier et le Financier sont présentés en action, psychologiquement.

Acte II : l'action se noue - v. 14-31 : le Financier propose au Savetier de lui donner cent écus (six mille francs 1979).

Acte III : essentiel - v. 33-46 : le Savetier ébloui par cette somme la cache dans sa cave, mais ne dort plus.

Acte IV : dénouement - v. 46-49 : il va rendre les cent écus.

L'ART D'AMUSER : LES PROCÉDÉS COMIQUES

Environ les deux tiers des *Fables* sont imprégnées de comique, ce qui est normal, puisque le fabuliste utilise la moquerie et la satire pour attaquer nos vices.

- **Le comique de description** : La Fontaine fait la **caricature** du Renard *« Serrant la queue, et portant bas l'oreille »* (I, 18), du *« Héron au long bec emmanché d'un long cou »* (VII, 4) ;
- il s'amuse de la **forme ridicule** de la Grenouille qui *« Envieuse s'étend, et s'enfle, et se travaille »* (I, 3) ; il montre **l'aspect total,** visage et costume, du Paysan du Danube, qui ressemble à un *« Ours mal léché »* (XI, 7, v. 13).

- **Le comique de gestes et de voix** : comme au cinéma, le fabuliste décrit minutieusement les mouvements des bêtes qui peignent comiquement leur caractère : l'agitation des Souris qui, craintives, « *Mettent le nez à l'air, montrent un peu la tête* » (III, 18), la rage du Coq qui « *aiguisait son bec, battait l'air et ses flancs* » (VII, 12), la joie intense de l'Ane « *Se vautrant, grattant, et frottant* » (VI, 8), l'orgueil du Paon qui *se panada* (IV, 9), de l'Ane qui *se carrait* (V, 14) ; ou bien le déguisement : soit dans le costume, le Renard prenant la peau du Loup (XII, 9), soit dans la voix, le Loup tentant d'imiter celle du Berger et se faisant prendre (III, 3).

- **Le comique de langage** est le plus fréquent : langue de l'insulte : « *maudit animal* », du Fermier à son Chien (XI, 3) ; adjectif péjoratif montrant l'antipathie de l'auteur pour les Grenouilles, « *Gent fort sotte et fort peureuse* » (III, 4) ; titres particuliers aux hommes et attribués comiquement aux bêtes : *Maître Corbeau, Monsieur du Corbeau, Seigneur Ane, Don Pourceau,* le Chapon *Citoyen du Mans* ; les surnoms ridicules : le Chat est *Rodilardus, Raminagrobis, Grippeminaud,* le Roi des Rats se nomme *Ratapon* et sa ville *Ratapolis,* Jupiter devient *Jupin ;* l'exagération du Renard affirmant au Corbeau : « *Que vous êtes joli ! que vous me semblez beau* ! » (I, 2).

La répétition permet de se moquer par exemple du luxe du siècle : ainsi l'adverbe *tant* est répété sept fois : « *Tant de selles et tant de bâts, / Tant de harnois...* » (IV, 13) ; l'accumulation des verbes souligne la psychologie : l'allégresse de l'Ane enfin libre se traduit par sept participes présents en *-ant* (VI, 8), les malheurs du Geai par sept participes en *-é* (IV, 9), le beau rêve de richesse qui s'enfuit pour Perrette par « *Adieu veau, vache, cochon, couvée* » (VII, 9). Le mot drôle existe sous de nombreuses formes : La Fontaine est très spirituel et dispense son esprit, soit qu'il surnomme le Coq du L. V, 6 *réveille-matin,* soit qu'il appelle le Lion « *amoureux à longue crinière* », comme les gens élégants portaient une perruque (IV, 1), soit qu'il définisse Ane *une pauvre province* (I, 13), soit enfin qu'il parsème sa fable de mots spécialement amusants : ceci est vrai pour quarante-quatre fables. Exemple : « - *Vous chantiez ? j'en suis fort aise. / Eh bien ! dansez maintenant* » (I, 1) ou : « *Ô combien de Césars deviendront Laridons !* » (VIII, 24 -, fin).

- **Le comique de situation** : celle-ci est souvent ridicule : le Pédant fait un discours à l'Enfant en train de se noyer avant de le sauver (I, 19), le Renard et la Cigogne sont incapables tour à tour de manger (I, 18) ; les Animaux se trompent l'un l'autre : le Corbeau trompe le Renard (I, 2), et le Bouc (XI, 6) ; ils se querellent : le Lion et le Moucheron (II, 9), la Perdrix et les Coqs (X, 7) ; ils s'associent bizarrement : la Tortue et les deux Canards qui font le 1er voyage aérien touristique (X, 2), ou le Corbeau, la Gazelle, la Tortue et le Rat vivant ensemble, ce qui est impossible (XII, 15) ; enfin le renversement de situation est toujours comique : après avoir annoncé : «*Nous sommes quatre à partager la proie*» le Lion s'empare du Cerf tout entier (I, 6).

- **Le comique d'allusion** : le poète, nourri de mythologie et l'esprit rempli de faits d'actualité, fait des allusions comiques : à Cassandre et à la guerre de Troie pour une Hirondelle (I, 8), à la belle Hélène pour une Poule (VII, 12), à la *Paix des Pyrénées* pour deux Chèvres (XII, 4).

La Fontaine se plaît à parodier les formules employées par les hommes pour les placer dans la bouche des bêtes : la Cigale s'écrie «*foi d'animal*» (I, 1), la Chauve-Souris «*Jupiter confonde les Chats*» (II, 5) ; il emploie aussi l'ironie, qui consiste à dire le contraire de ce que l'on pense réellement, en utilisant parfois les rimes : ainsi *raison* rimant avec *Lion : «et la raison, / C'est que je m'appelle Lion»* (I, 6) ironise sur le droit du plus fort, opposé à la droite raison ; *Voleurs* rimant avec *grands Seigneurs* souligne ironiquement l'opinion du poète sur ces derniers (II, 16), la comparaison ironique des Hommes et des Lapins «*Sous les mains de la Fortune*» (X, 14) est claire ; mais surtout l'humour est présent dans une fable sur huit par les trente réflexions inattendues et drôles de l'auteur, qui se glisse dans son récit comme Scarron dans *Le Roman comique,* et Diderot dans *Jacques le Fataliste :* ex., il s'agit d'une Couleuvre : *«l'animal pervers / (C'est le serpent que je veux dire, / Et non l'homme : on pourrait aisément s'y tromper)»* (X, 1, v. 5-6) ; ou cette réflexion : *«Chose étrange ! on apprend la tempérance aux chiens, / Et l'on ne peut l'apprendre aux hommes»* (VIII, 7).

- **Le comique de caractère** : le plus souvent le moraliste signale le vice ou le **défaut** principal du personnage : la légèreté de la Cigale et l'avarice de la Fourmi (I, 1), la menteuse flatterie du Renard et la vanité du Corbeau (I, 2), l'incapacité des Femmes à garder un secret (VIII, 6), la *fureur d'accumuler* des Hommes (VIII, 27) ; mais il souligne aussi nos **ridicules** par un détail bien choisi : ainsi l'Astrologue qui prévoit l'avenir ne prévoit pas qu'il tombera dans un puits (II, 13), le Hibou, dont les enfants sont «*De petits monstres fort hideux*» en est fier et les voit «*Beaux, bien faits*» (V, 18) ; enfin est démontrée **l'opposition** entre ce que la bête ou l'homme veut faire croire qu'il est et sa véritable nature : la Jeune Veuve prétend mourir après son veuvage, mais désire vite se remarier (VI, 21), le Renard joue à l'ami complaisant avec le Loup, mais en réalité veut se sauver du puits (XI, 6), car l'antagonisme est grand entre l'apparence et la réalité.

L'ART DE MORALISER

Pour ne pas ennuyer son lecteur, La Fontaine s'efforce de varier au maximum sa morale, soit par la manière de la formuler, soit par sa place dans la fable, soit par sa suppression si la moralité apparaît clairement.

- **Comment présenter la moralité ?** Le moraliste choisit entre dix formules : il peut exprimer l'opinion des personnages (VI, 6), ne pas cautionner la moralité et ajouter une note (II, 3), utiliser une métaphore (I, 12 ; II, 6), ou bien se servir du héros comme pour le Renard (I, 2) et le Mulet (I, 4) ; ou le héros constate la leçon (VI, 18 ; VI, 5), ou il bénéficie de sa propre expérience (I, 17 ; IV, 8), ou encore c'est un dieu qui tire la moralité (III, 4 ; VI, 18) ou même un animal comme l'Ours.

Le plus souvent La Fontaine utilise la 1re personne pour formuler sa morale, en employant vingt-quatre tours différents ; exemple : il fait semblant de chercher le sens de sa fable : «*Quelle chose par là peut nous être enseignée ?*» (II, 9) ; il utilise le *nous* au lieu du *je* s'il évoque un travers répandu : «*Nous n'écoutons...*» (I, 8) ; il confesse son goût des contes de fées :

« *Si Peau d'âne m'était conté, / J'y prendrais un plaisir extrême* » (VIII, 4), il s'énerve : « *Fureur d'accumuler... / Te combattrai-je en vain* » (VIII, 27), il parle au lecteur : « *que t'en semble, Lecteur ?* » (VIII, 11), il rappelle des faits patents (I, 3), souvent il s'adresse aux lecteurs pour les avertir : « *Trompeurs, c'est pour vous que j'écris* » (I, 18), etc.

- **La place de la moralité change** : sept fois elle est située *au milieu* de la fable : I, 7 ; III, 2 ; IV, 7, 10 ; VII, 4, 11 ; X, 8 ;
- vingt-cinq fois elle se trouve *à deux places* différentes : au début et à la fin dans vingt-deux fables, au début et au milieu dans le L. III, 2, au milieu et à la fin dans les L. IV, 10 et XII, 27, avec douze variations possibles : la moralité est précédée d'une adresse à une amie (IV, 1) ; la formule du début est reprise à la fin (IV, 11) ; ou bien elle est renforcée par la formule finale : « *Travaillez prenez de la peine* » puis « *le travail est un trésor* » (V, 9).

L'auteur s'indigne au début : « *Que j'ai toujours haï les pensers du vulgaire !* » et questionne à la fin du L. VIII, 26 : « *En quel sens est donc véritable... / Que sa voix est la voix de Dieu ?* » ; il formule un précepte au début dans le L. XI, 7 : « *Il ne faut point juger des gens sur l'apparence* » et termine sur une réflexion : « *On ne sut pas longtemps à Rome / Cette éloquence entretenir.* »

Ou bien il la formule de manière nette dans le L. XI, 9 au début : « *Il ne faut jamais dire aux gens : / Écoutez un bon mot* » puis termine par une question : « *Quel autre art de penser Aristote et sa suite / Enseignent-ils ?* » et il ajoute une note en prose : « *Ceci n'est point une fable ; et la chose... est véritablement arrivée.* »

- **Trente fois l'auteur place sa moralité au début de la fable** en trouvant sept variations : il l'exprime de manière amusante : « *Vouloir tromper le Ciel, c'est folie à la Terre* » (IV, 19), il place une moralité qui paraît opposée au récit attendu : « *Que le bon soit toujours camarade du beau, / Dès demain je chercherai femme* » (VII, 2) ; il organise le récit, après la moralité, en vue d'un trait final inattendu : « *Chacun a son défaut où toujours il revient* » ou le dernier vers du Mari se croyant mort : « *Tu ne leur portes point à boire ?* » (III, 7) ; ou il propose une méditation philosophique : *La Mort ne surprend point le Sage* (VIII, 1), etc.

- Surtout, **pour la plupart des fables** (152), la moralité est située **à la fin** du récit, mais en cherchant treize variations : élargissement du sens : « *Hélas ! on voit que de tout temps / Les petits ont pâti des sottises des grands* » (II, 4) ; généralisation : « *Plutôt souffrir que mourir, / C'est la devise des hommes* » (I, 16) ; l'auteur demande au lecteur d'être son complice : « *Quel esprit ne bat la campagne ? / Qui ne fait châteaux en Espagne ?* » (VII, 9) ; ou il confesse être comme tous les hommes : « *On nous voit tous... / Piller le survenant* » (X, 14) ; ou il applique la moralité à un fait politique : « *Le Sage dit, selon les gens : / Vive le Roi, vive la Ligue* » (II, 5) ; ou il restreint sa portée à un cas déterminé : « *Petits Princes, videz vos débats entre vous* » (IV, 4) ; ou il cite un proverbe espagnol (IV, 12) ou picard (IV, 16).

- **Comment formuler la moralité** : pour ne pas ennuyer son lecteur, le moraliste utilise dix formules différentes ; un dieu exprime la leçon morale : « *Aide-toi, le Ciel t'aidera* », crie Hercule au Charretier embourbé (VI, 18) ; un héros de la fable tire la leçon : la Souris dit au Souriceau : « *Garde-toi... de juger les gens sur la mine* » (VI, 5) ; un animal tire lui-même la leçon : l'Ours dit au vantard : « *il ne faut jamais / Vendre la peau de l'Ours* » (V, 20) ; l'auteur exprime l'opinion de ses personnages : « *l'on tomba d'accord / Qu'à peu de gens convient le Diadème* » (VI, 6) ; le héros généralise ses conclusions : le Lièvre constate qu'un poltron peut trouver « *un plus poltron* » (II, 14) ; un personnage principal tire la leçon : le Renard au Corbeau : « *Apprenez que tout flatteur / Vit aux dépens de celui qui l'écoute* » (I, 2) ; ou il s'applique à lui-même la leçon : « *C'est bien fait, dit le Loup en soi-même fort triste ; / Chacun à son métier doit toujours s'attacher* » (V, 8) ; mais la formule la plus utilisée est la **1re personne,** car le moraliste entre dans sa fable de vingt-quatre manières. Voici pour les plus fréquentes : il constate : « *A l'œuvre on connaît l'Artisan* » (I, 21) ; il conseille : « *Patience et longueur de temps / Font plus que force ni que rage* » (II, 11) ; il instruit le lecteur grâce à ses héros : « *La raison du plus fort est toujours la meilleure : / Nous l'allons montrer tout à l'heure* » (I, 10) ; il exprime son sentiment personnel comme une supposition humoristique : « *Je suppose qu'un Moine est toujours charitable* » (VII, 3) ou une exclamation à la place des héros : « *Si j'arrondissais mes États* » (VIII, 25) ; le *je* est remplacé par le *nous* quand le travers touche tous les hommes : « *Nous n'avons pas les yeux à l'épreuve des belles* » (VIII, 7) ; l'auteur s'adresse directement à ceux qui sont touchés par sa leçon : « *Ceci s'adresse à vous, esprits du dernier ordre* » (V, 16).

- La moralité est absente dans vingt fables, parce que le moraliste estime qu'elle se tire facilement du récit ; exemple : I, 5 : la liberté est plus précieuse que la nourriture ; VI, 12 : le fardeau royal est lourd à subir pour le peuple.

LES DIFFÉRENTES LANGUES

Le fabuliste possède une langue très riche, d'environ six mille mots, alors que Corneille, Mme de Sévigné emploient trois mille mots, La Rochefoucauld deux mille cinq cents et Racine deux mille. On distingue cinq sortes de langues :

- **La langue populaire** : une quarantaine de mots et quinze proverbes - des mots bas comme *crasseux, crotte,* des termes familiers comme *escornifleur, papelard,* des expressions comme *enfiler la venelle,* des proverbes comme *le chien de Nivelle* ou *tirer les marrons du feu.*

- **La langue empruntée** : une vingtaine de mots et un proverbe picard (IV, 16) - il emprunte au latin *quidam, Gaster, Mitis,* au grec les noms de Rats *Méridarpax* et *Psicarpax* (IV, 6), à Molière *Tartufs* (IX, 14), à Rabelais *Messer Gaster, Grippeminaud, Raminagrobis, Rodilard, Jean Chouart,* à Cyrano de Bergerac *Garo* (IX, 4).

- **La langue créée** : une vingtaine de mots - de vrais néologismes comme *devineuse, grimacière, enquinauder,* ou des mots dont il transforme le sens comme *pèlerine* qui veut dire « une voyageuse » et devient « une personne sans réflexion », ou des mots drôles comme *escarbote, dindonnière.*

- **La langue archaïque :** une cinquantaine de mots vieux dont il ressuscite l'emploi, comme *engeigner, chevance, déduit, géniture, matineux, noise, ost, gâter, grègues.*

- **La langue technique** surtout, environ mille mots en trente-quatre vocabulaires distincts : de l'agriculture comme *herbe, baie, cognée, marais, chaumine, râtelier, étable, planches ;*
de l'allégorie : *Destin, Mort, Sort, Temps ;*
des animaux : *bec, cors, museau, braire, brouter, couver ;*
de la chasse et pêche : *clabauder, basset, leurre, lacs ;*
du commerce : *ballot, associé, facteur, cannelle, débit ;*
de la couture : *filandière, fuseaux, tourets, balandras ;*
des éléments naturels : *nue, orage, pluie, tempête ;*
des équipages : *bâts, chaise, carrosse, char, coche ;*
de la finance : *intérêt, principal, jacobus, ducaton ;*
de la géographie : *Apennins, Athènes, Caucase, Le Pirée ;*
de la guerre : *capitaine, charge, combat, épée, guet ;*
de l'histoire : *Abdéritains, Attila, Alexandre, Troie ;*
des jeux : *bal, danse, jeux, ris, sérénade ;*
de la justice : *cour, défaut, dépens, procès, plaideur ;*
de la littérature : *apologue, censeur, conte, fiction ;*
de la magie : *dragon, follet, lutin, Merlin, sorcier ;*
de la maison : *chambre, galetas, grenier, palais, lustre ;*
de la médecine : *aposthume, arboriste, cure, malade, peste ;*
de la mer : *banc, fréter, corsaire, affréter, gouffre ;*
des métaux et pierres : *acier, airain, diamant, roche ;*
des métiers : *charbonnier, chartier, corroyeur, devin ;*
de la morale : *avarice, cœur, cupidité, envie, sottise ;*
de la mort : *bière, drap, enfer, enterrer, luminaire ;*
de la mythologie : *Borée, Cérès, Hercule, Jupiter, Hymen ;*
des noms propres : *Guillot, Nicolas, Margot, Perrette ;*
de la nourriture : *feuillette, fromage, jambon, fricasser ;*
de la philosophie : *esprit, juger, penser, raisonner ;*
de la poésie : *aquilon, coursier, onde, trépas, zéphyr ;*
de la politique : *ambassadeur, député, diadème, tyran ;*
de la religion chrétienne : *Ciel, Créateur, Dieu, moine ;*
de la science : *distance, figure, angle, côtés, surface ;*
de la société : *Cour, doyen, Maître, Majesté, placet ;*
des soins de beauté : *ajustement, atours, coiffure, mouche.*

LES DIFFÉRENTS PROCÉDÉS DE STYLE

La Fontaine compte parmi les écrivains qui ont le plus travaillé leur style pour plaire et charmer leur lecteur ; c'est pourquoi il modifie l'organisation de sa fable, il modifie la manière de diriger son récit, il modifie la manière de faire parler ses personnages, il modifie la manière de faire dialoguer ses personnages, il utilise le style burlesque, héroï-comique, simple, tempéré et élevé, le plus beau dans la poésie lyrique, enfin il emploie quarante-six figures de rhétorique et de style, pour donner à ses *Fables* à la fois de la simplicité, de la gaieté qui apporte *« un certain charme, un air agréable »* tout en imitant ses devanciers, mais en choisissant ses sujets et ses ornements et en recréant ses sujets.

- **La manière de faire parler les personnages est modifiée** : le fabuliste emploie les trois styles : le style **direct** représente la forme normale de parler, avec un verbe comme « dire » - exemple : *« Le Renard s'en saisit, et dit : Mon bon Monsieur... »* (I, 2) ; *« il lui demande : Êtes-vous d'Athènes »* (IV, 7) ; *« le Lion s'écria... : Que de filles... »* (IV, 12) : *« Nous vous mettrons à couvert, / Repartit le Pot de fer »* (V, 2) ; *Le Satyre s'en étonne : / Notre hôte... »* (V, 7) ; *« L'assemblée... / Cria... : Et Cérès... »* (VIII, 4). Il est utilisé dans deux cent sept fables, par les gens naïfs comme le Chien libre (I, 5), les trompeurs comme le Renard (I, 2), les vrais Amis (VIII, 11), les simples comme la Vache (X, 1).

Le style **indirect** se borne à reproduire les discours des personnages, avec des verbes comme « dire que », « s'écrier que », etc. ; le présent est remplacé par l'imparfait, le futur, par le conditionnel présent, ou bien le verbe commande l'infinitif avec des verbes comme « prier » - exemple : l'Ours du L. I, 7, *« dit qu'on pourrait encor... » ;* la Mort du L. I, 16 *« demande ce qu'il faut faire » ;* le Rat du L. II, 2 *« opina qu'il fallait... » ;* le Loup du L. VII, 1 *« prouva par sa harangue / Qu'il fallait » ;* la Cigale du L. I, 1 *« alla crier famine / Chez la Fourmi sa voisine, / La priant de lui prêter... »*

Il est utilisé cinquante-cinq fois en tout, pour varier la reproduction des paroles, pour manifester la politesse du personnage, comme celle des Députés du L. VII, 3, l'hypocrisie du Singe du L. VII, 6, les plaintes de l'Aigle du L. II, 8, le long discours de la Grenouille (IV, 11), le bavardage de la Pie (XII, 11), ou reproduire une proclamation royale (VI, 14).

Le style *indirect libre,* particulier au fabuliste, consiste à ne pas placer de guillemets, à garder le temps des verbes que veut le style direct, à sauter sans transition du récit au dialogue ou au monologue, en sous-entendant un verbe comme « il disait que », « il croyait que » - exemple : le Bûcheron du L. I, 16 *« songe à son malheur. / Quel plaisir a-t-il eu depuis qu'il est au monde ? »* Il manque à ce monologue intérieur un verbe comme « il se dit ceci ». Le Bûcheron du L. V, 1 se lamente sur la perte de sa cognée : *« Il n'avait pas des outils à revendre... »* La Belette ironique du L. VII, 15 répond au Lapin : *« C'était un beau sujet de guerre / Qu'un logis où lui-même... »*

Vénus vient se plaindre que son fils, l'Amour, est aveugle : *« Son fils, sans un bâton, ne pouvait faire un pas »* (XII, 14) : aussi les dieux décident que la Folie le guide. Le style indirect libre est utilisé trente-cinq fois en tout, pour manifester certains sentiments comme la joie des Souris du L. III, 18, l'orgueil de la Fille qui refuse tous les fiancés (VII, 4), la sottise des gens qui ont trop d'imagination (IV, 10), pour produire un effet lorsque tout le discours est en ce style, comme pour l'Arbre du L. X, 1, surtout pour mettre en valeur un argument de poids : la Grenouille veut noyer le Rat, parce que *« C'était, à son avis, un excellent morceau »* (IV, 11) ; l'argument essentiel du Loup vétérinaire du L. V, 8 est la gratuité de ses soins : *« Lui Loup gratis le guérirait » ;* l'argument essentiel du Bûcheron est sa promesse, une fois obtenue une branche, de partir : *« Il irait employer ailleurs son gagne-pain »* (XII, 16).

L'**emploi alterné** des trois styles produit un effet spectaculaire - exemple X, 1 : la Couleuvre et la Vache s'expriment en style direct (v. 15-26 et 32-46) avec véhémence : *« Toi-même tu te fais ton procès... jette les yeux sur toi, ta justice / C'est ton utilité, ton plaisir, ton caprice » ;* la Vache : *« Je nourris celui-ci... il n'a sans mes bienfaits... Tout n'est que pour lui seul... me voilà vieille » ;* le Bœuf est éloquent en style indirect (v. 53-62) : *« Il dit que du labeur des ans / Pour nous seuls il portait... / Que cette suite de travaux / Pour récompense avait » ;* enfin l'Arbre est un impitoyable accusateur en style indirect libre (v. 68-78) : *« Il servait de refuge... / il ornait les jardins... / L'ombrage n'était pas... Il courbait sous les fruits... / Un rustre l'abattait. »*

Mais le fabuliste ne reproduit pas toujours les paroles de ses personnages, et, pour trente fables, se contente de raconter une histoire : I, 11 ; II, 10, 11, 12, 18 ; III, 3, 13 ; IV, 6, 9, 10 ; V, 13, 17, 21 ; VI, 17, 20 ; VII, 7, 12, 17 ; VIII, 23, 24 ; IX, 11, 12 ; X, 14 ; XI, 9 ; XII, 3, 4, 8, 12, 19, 23.

- **La manière de faire dialoguer les personnages est modifiée** : habilement le conteur épouse le langage de ses héros : il reproduit une **conversation imprévue** comme celle du Renard et du Loup du L. XII, 9, du Savetier et du Financier du L. VIII, 2, en respectant le ton de chacun : le Savetier est franc et naïf, mais prudent, se garde de préciser combien il gagne, le Financier est grandiloquent.

Il met en valeur un **mot** qui sait influencer l'interlocuteur du héros : *« Monsieur du Corbeau »,* du Renard du L. I, 2, est destiné à flatter la vanité du Corbeau ; les Petits Oiseaux stupides et imprévoyants du L. I, 8 lancent à l'Hirondelle : *« Prophète de malheur, babillarde ! »* pour la décourager de les avertir à l'avenir ; le Rat solitaire du L. VII, 3 dit gentiment aux députés du peuple Rat : *« Mes amis »* pour les persuader qu'il les aime bien.

Il varie soigneusement la **manière de s'exprimer** de chacun comme dans III, 1 : le 1er passant est grossier : *« Pauvres, gens, idiots, couple ignorant et rustre » ;* des trois Marchands, gens polis mais respectueux de l'âge, le plus vieux crie au fils du Meunier : *« C'était à vous de suivre, au vieillard de monter » ;* les trois filles sont impertinentes et prennent le parti du jeune : *« Ce nigaud, comme un Évêque assis, / fait le veau sur son Âne » ;* la 3e troupe a pitié de l'Âne, ce sont des fermiers : *« N'ont-ils point de pitié de leur vieux domestique ? » ;* enfin le *quidam* qui invoque *la mode,* se moque du Meunier et fait des mots pour rire, est un jeune homme qui va à la foire pour s'amuser : *« Est-ce la mode... Je conseille à ces gens de le* (l'Âne) *faire enchâsser. »*

Il sait imaginer un **dialogue comme au théâtre** : le Jardinier dialogue avec son Seigneur comme M. Dimanche avec Don Juan (acte IV, 3), le Mari et la Femme du L. VIII, 6 rappellent *Les Femmes savantes,* le Singe et le Dauphin parlent comme dans *Les Fourberies de Scapin ;* mais le dialogue émouvant des *Deux Pigeons,* si émouvant et évocateur de malheurs, fait songer à une tragédie de Racine.

Il va jusqu'à l'**éloquence oratoire** dans certaines fables comme le *Discours à M. de La Rochefoucauld* (X, 14), *Le Paysan du Danube* (XI, 7) ou *Le Renard anglais* (XII, 23) ; le Paysan du L. XI, 7 compose soigneusement son discours au Sénat romain : il commence par une invocation aux dieux car il connaît la piété des sénateurs ; puis il enchaîne habilement en montrant le supplice des Germains ; il menace alors les Romains de la vengeance divine ; il emploie un argument massue : en quoi les Romains valent-ils plus que les Germains ? D'ailleurs les colonisateurs n'ont rien appris aux colonisés ; et les préteurs romains se sont conduits de manière si horrible que le peuple germain renonce à la culture et à avoir des enfants. Conclusion : retirez vos préteurs, sinon ils nous apprendront la rapine et l'avarice, comme je les ai vues à Rome, où tout est corrompu : *« le grand cœur, le bon sens »* sont à la base de cette *« éloquence »* qui impressionne le Sénat.

- **Cinq styles différents** sont tour à tour employés : par ordre d'importance, ce sont le style burlesque, le style héroï-comique, le style simple et réaliste, le style tempéré ou pourvu de quelques ornements, enfin le style lyrique et sublime.

Le **style burlesque** déforme les êtres et les faits pour provoquer le rire ; il utilise quatre procédés dans les fables : le poète s'amuse à égayer des faits tragiques (IV, 11) : ainsi le Milan va manger le Rat et la Grenouille, ce qui est tragique, mais La Fontaine conclut que *« L'oiseau se donne au cœur joie / Ayant... / A souper chair et poisson » ;* ou il rabaisse les dieux de l'Olympe à l'échelle humaine : le dieu des Dieux, Jupiter, reçoit une crotte de l'Escarbot ainsi que les œufs de l'Aigle, il offre une ferme à un Métayer qui lui réclame un climat spécial, et il est ridiculisé par le surnom de Jupin (débauché, polisson). Le style mélange volontairement la religion païenne et le christianisme (VI, 3) : le dieu Borée crie : *« Il faudra, si je veux, / Que le manteau s'en aille au Diable. »* Enfin il mêle par anachronisme volontaire une personne de son siècle à l'Antiquité païenne : le *Chartier embourbé* en Basse-Bretagne supplie le demi-dieu Hercule (VI, 18).

Le **style héroï-comique**, créé par Boileau dans *Le Lutrin* (1673-1683), est le contraire du style burlesque, car il grandit démesurément des êtres et des faits vulgaires : La Fontaine applique aux choses des termes sans proportion avec la réalité évoquée : l'Ânier du L. II, 10 devient un *Empereur Romain, son Sceptre* (bâton) *à la main ;* le *brin d'herbe* du L. II, 12 devient pour la Fourmi un *promontoire ;* pour le Rat du L. VIII, 9 *la moindre taupinée* devient *les Apennins ;* ou bien il forge des périphrases qui unissent un adjectif créé par lui à un mot du style pour désigner des bêtes - II, 8, *la race Escarbote ;* IV, 6, *le peuple Souriquois,* ou il applique une expression humaine aux bêtes : *le gouvernement de la chose publique Aquatique* pour désigner les Grenouilles (IV, 11), *les députés du peuple Rat* (VII, 3), il invente même *Ratopolis* (VII, 3) ; ou bien il fait appel à des faits historiques à propos de bêtes : il appelle le Chat du L. III, 18, *l'Alexandre des Chats, / L'Attila, le fléau des Rats,* et, évoquant deux Chèvres se refusant le passage sur une planche, a recours à la *Paix des Pyrénées* (1659) : *Je m'imagine voir avec Louis le Grand / Philippe Quatre qui s'avance»* (XII, 4). Ou encore La Fontaine rappelle des faits mythologiques qui n'ont rien à voir avec les êtres ou les faits évoqués ; un surnom étonne : le chartier = *le Phaéton d'une voiture à foin* (VI, 18), or Phaéton est le fils du Soleil ; le Chat du L. III, 18 = un *vrai Cerbère* (chien à trois gueules gardant l'entrée des Enfers) ; la Poule conquise par le Coq vainqueur du L. VII, 12, devient *une Hélène au beau plumage* par allusion à Hélène de Troie ; les noms des Rats du L. IV, 6, *Psicarpax* (dévore-miette) et *Méridarpax* (voleur de morceaux), sont empruntés à la *Batrachomyomachie,* parodie épique antique.

Le **style simple et réaliste** est fréquent : le conteur emploie des termes évoquant la réalité de manière parfois vulgaire : *un Croquant* (paysan misérable) *qui marchait les pieds nus* (II, 12), la Vieille avare du L. V, 6 *« S'affublait d'un jupon crasseux et détestable » ;* des images sont très vivantes : *la Vieille / Courait comme un Lutin* (V, 6) ; des mots accolés créent une impression amusante : la Tortue du L. VI, 10 va *son train de Sénateur, ... se hâte avec lenteur,* le Père de la jeune Veuve *lui laissa digérer sa disgrâce* (VI, 21) ; enfin La Fontaine utilise de nombreux verbes destinés à décrire tous les mouvements possibles :

rapide : le Coq *aiguisait son bec, battait l'air* (VII, 12); soudain : le Lièvre de VI, 10 *partit comme un trait ;* large : *Un Milan, qui dans l'air planait* (IV, 11); lent : le Pigeon du L. IX, 2 revient *Traînant l'aile et tirant le pié ;* à répétition et par saccades : le Pot de terre et le Pot de fer *s'en vont... Clopin-clopant* (V, 2); indiquant une démarche drôle : le Paon *se panada* (IV, 9), l'Âne *se carrait* (V, 14) ou un mouvement pénible : le Pigeon de IX, 2 veut rompre un filet : *de son aile, / De ses pieds, de son bec, l'oiseau le rompt enfin.*

Le **style tempéré ou pourvu de quelques ornements** supprime les termes ou images réalistes, et orne le récit d'images qui élèvent le ton général de la fable : telle se présente I, 22 qui décrit noblement la lutte entre le Chêne et le Roseau et se termine par une image grandiose : le Chêne est déraciné, lui qui touche *à l'Empire des Morts.* De même la triste mort du *Lion devenu vieux* est-elle contée de manière soutenue, sans comique, et se termine par un beau vers : *« Mais c'est mourir deux fois que souffrir tes atteintes »* (III, 14); ainsi en est-il des *Deux Pigeons* (IX, 2) qui s'achèvent par une belle méditation sur l'amour, ou du *Songe d'un habitant du Mogol* (XI, 4) qui se termine par une invocation à la solitude, ou d'un poème pastoral comme *le Berger et son troupeau* (IX, 19).

Le **style lyrique et sublime** cherche à atteindre la grandeur dans l'expression des sentiments et des choses et il fait appel au lyrisme : méditation sur la Nature et la Providence du L. II, 13, réflexions morales sur le monde *mêlé d'amertume et de charmes* (III, 1), description scientifique et éloge de la paix du L. VII, 17 avec ces vers :

« La carrière d'Auguste a-t-elle été moins belle
Que les fameux exploits du premier des Césars ? » (v. 69-70).

De même la grave réflexion sur la Mort qui *ne surprend point le Sage* et est parfois si *cruelle* du L. VIII, 1, une grande partie du *Discours à Mme de La Sablière,* le ravissant poème pastoral *Tircis et Amarante* (VIII, 13), la mise en accusation de l'Homme par la Nature (X, 1); pour couronner le tout, la dernière fable, XII, 29, tout entière en un style d'une noblesse et d'une grandeur sublimes.

Mais La Fontaine rédige aussi en **style politique**, comme *Le Paysan du Danube* (XI, 7) ou épique, comme XI, 3, avec des comparaisons tirées de l'Antiquité : *« Peu s'en fallut que le Soleil... Tel... Apollon irrité contre le fier Atride... Tel... Ajax... son concurrent Ulysse »* et des termes bibliques : *ce Chat exterminateur* (III, 18), *Pasteur de gens* (X, 9), *Ô vous Pasteurs d'humains et non pas de brebis, Rois* (X, 10).

LES DIFFÉRENTS PROCÉDÉS DE LA VERSIFICATION[1]

La Fontaine, poussé à la poésie par son père et par l'exemple de Malherbe, persuadé que seul le vers *dure éternellement,* avait essayé le vers comme moyen d'expression dans douze *Contes* (1665) sur soixante-quatre ; et comme ce *vers libre,* qui varie les mètres, du vers de deux à celui de douze syllabes, avait eu du succès dès le XVIe siècle et récemment avec *Amphitryon* de Molière, le fabuliste décida de l'utiliser, surtout l'alexandrin et l'octosyllabe : cent trente et une fables sur deux cent quarante utilisent ces deux mètres, qui ont une place très importante dans les autres : les autres vers sont moins employés : le décasyllabe dans soixante-quinze fables ; les vers de six, quatre, trois, deux syllabes sont en tout vingt-sept ; en outre deux cent vingt trois fables sont rédigées en vers libres, tandis que dix-sept offrent un mètre identique : cinq en vers de sept pieds : I, 9, 20 ; IV, 6 ; V, 7 ; VIII, 20 ; 3 en octosyllabes : IV, 1, 7 ; IX, 6 ; 3 en décasyllabes : VI, 6 ; VII, 7 ; XII, 27 ; 6 en alexandrins : III, 1 ; IV, 18 ; V, 12 ; VIII, 5 ; XII, 25, 28.

- **Le fabuliste utilise les vers suivant l'effet à produire : l'alexandrin** sert à faire parler les dieux et les rois, à exposer les développements sur la Providence, la Mort, la Nature, les méditations, les belles moralités, aussi pour les descriptions, les louanges, la parodie épique.

Le mélange de l'alexandrin et de l'octosyllabe est le plus fréquemment utilisé, soit que deux alexandrins encadrent un octosyllabe, que deux octosyllabes encadrent un alexandrin, que l'octosyllabe précède ou suive l'alexandrin.

1. Pour plus de détails, voir F. Deloffre. *Le Vers français,* S.E.D.E.S., 2e éd., 1973.

Le décasyllabe, ancien mètre des *Chansons de gestes,* est le vers du conte, et employé comme tel dans quelques fables.

L'heptasyllabe (7 pieds) a un aspect dansant, et permet de reproduire des mouvements rapides (VI, 9) ou de donner à la fable une allure de chanson comme I, 1.

Le vers de six pieds est souvent lié à l'alexandrin avec lequel il forme un tout.

Les petits vers (deux, trois, quatre pieds) sont placés pour produire un effet et surprendre : deux pieds pour marquer une opposition : *Du vent* (V, 10), *Absent* (IX, 16) ; trois pieds pour séparer l'action du reste de la fable : *Tout l'été* (I, 1), *Le Berger* (VII, 1) ; quatre pieds pour varier : *Quand la Perdrix / voit ses petits / En danger...(Discours,* v. 82-83).

- **Le fabuliste groupe ses vers de manière harmonieuse** : le **distique** (2 v.), concis, exprime des maximes, proverbes, réflexions, sentences, sentiments, action rapide : exemple, une sentence :

« Concluons que la Providence
Sait ce qu'il nous faut, mieux que nous. » (VI, 4, fin)

Le **tercet** (3 v.) présente un sens complet et exprime des maximes, réflexions, conclusions : exemple, une confidence :

« Ah ! si mon cœur osait encore se renflammer !
Ne sentirai-je plus de charme qui m'arrête ?
Ai-je passé le temps d'aimer ? » (IX, 2, fin)

Le **quatrain** (4 v.) présente un sens complet et est très souvent employé par La Fontaine, soit en mètres uniformes de l'alexandrin à l'heptasyllabe (7 pieds) : exemple, alexandrins :

« Un Rat hôte d'un champ, Rat de peu de cervelle,
Des Lares paternels un jour se trouva sou (rassasié).
Il laisse là le champ, le grain, et la javelle,
Va courir le pays, abandonne son trou » (VIII, 9, début)

soit en mètres différents : on trouve des fables entièrement composées en quatrains comme I, 9 (vrais quatrains) et X, 12 (faux quatrains : la pensée est coulée dans le moule du quatrain, sauf les deux vers de la fin).

La moralité s'exprime sous forme de quatrain dans cinquante et une fables : exemple : la dernière fable, fin :

*« Cette leçon sera la fin de ces Ouvrages :
Puisse-t-elle être utile aux siècles à venir !
Je la présente aux Rois, je la propose aux Sages :
Par où saurais-je mieux finir ? »* (XII, 29).

En outre le poète organise ses vers en **strophes** de diverses longueurs, dont chacune constitue un ensemble organisé avec un système de rimes complet, un sens complet, un mouvement rythmique étudié : il existe ainsi des strophes de cinq vers ou **quintils** comportant quatre combinaisons de rimes, de six vers ou **sixains,** composés d'un quatrain suivi d'un distique, ou de deux tercets ; cette strophe sert à exprimer la moralité dans seize fables comme VIII, 27 (début) et XII, 13 (fin) ; il existe aussi des strophes de sept vers ou **septains,** de huit vers ou **huitains,** de neuf vers ou **neuvains,** de dix vers ou **dixains** : le fabuliste les emploie pour produire toutes sortes d'effets et pour éviter la monotonie, car il veut avant tout plaire, ne pas ennuyer.

- **Le fabuliste utilise habilement l'enjambement, le rejet et le contre-rejet :**

L'enjambement consiste à « enjamber » la césure (coupe au milieu du vers), produire un effet et rompre la monotonie du vers coupé en deux parties égales pour la voix ; ce procédé, interdit par Boileau (*Art poétique,* v. 105-106), est employé par La Fontaine - exemple, l'orgueil du Mulet du L. I, 4 : *« Celui-ci, / glorieux d'une charge si belle » :* 3 syl. + 9 ; la souffrance du Bûcheron du L. I, 15 : *« Viens vite, / viens finir ma fortune cruelle »* : 3 + 9 syllabes.

Le rejet consiste à « rejeter » sur le vers suivant le sens complet dont l'idée est commencée dans le 1er vers ; la voix reste soutenue et l'attention de l'auditeur est éveillée dans l'espoir de connaître la fin de la phrase : ce procédé, interdit par Boileau (*Art poétique,* v. 137-8), est employé par La Fontaine - exemple, la curiosité : *« Un Malheureux appelait tous les jours // La Mort à son secours »* (I, 16) ; la chute : *« Un Astrologue un jour se laissa choir // Au fond d'un puits... »* (II, 13) ; le danger : *« Sur la branche d'un arbre était en sentinelle // Un vieux Coq adroit* (II, 15) ; l'invective (VIII, 27) :

*« Fureur d'accumuler, monstre de qui les yeux
Regardent comme un point tous les bienfaits des Dieux ».*

Le contre-rejet consiste à commencer une proposition dans la seconde moitié du 1er vers à la fin, la proposition étant pour la plus grande partie contenue dans le 2e vers. Boileau l'aurait certainement interdit, mais La Fontaine l'emploie - exemple, la curiosité : *Un quidam les rencontre, et dit / : Est-ce la mode // Que Baudet aille à l'aise, et Meunier s'incommode ? »* (III, 1) ; l'effort : *« Mets-les contre le mur / Le long de ton échine // Je grimperai premièrement »* (III, 5) ; la moralité : *« J'en conviens / ; mais de quoi sert-elle* (la paix) // *Avec des ennemis sans foi ? »* (III, 13, fin).

La combinaison du rejet et du contre-rejet provoque des effets impressionnants : lorsque le fabuliste condamne l'injustice de l'Homme (X, 1), il accumule ces procédés : v. 15, 18, 20, 23, 24, 25, 26, 37, 39, 40, 42, 44, 45 ; 53, 55, 56, etc.

- **Le fabuliste devient un chef d'orchestre** : un des premiers, il a senti les infinies possibilités musicales du vers et les a utilisées pour produire de nombreux effets : **il sonorise la voix des animaux** : le Corbeau voit son croassement imité par le son *oi : voix* et *proie,* le Renard parle en *age :* ram*age* et plum*age* (I, 2) ; l'Agneau bêle grâce au son *è :* consid*ère* et col*ère* (I, 10) ; l'Âne braie grâce aux sons éclatants des vers 7 à 14 de II, 19 : Stent*or* et C*or,* br*aire,* re*t*en*t*iss*ait* d'un b*r*uit é*p*ou*v*an*t*able.

Il multiplie les sons musicaux afin de donner à sa fable une douceur ou une mélodie prenantes : la tristesse se note dans les sons étouffés du L. I, 16, v. 7 (le Bûcheron), du L. II, 6, v. 1 (l'Oiseau mortellement blessé) ; la méchanceté est claironnée par les sons éclatants du Loup du L. VII, 1, v. 56-58 ; l'ironie se marque dans les sons clairs du derniers vers de I, 17 ; la gravité est soulignée par le dernier vers du L. I, 22, aux sonorités sourdes, etc.

Il fait parfois de la fable un poème : II, 6 rappelle une valse profondément triste : VIII, 11, IX, 2 et XI, 4 sont des hymnes aux miracles du cœur qui pourraient être mis en musique sous forme d'une sonate ; I, 1 apparaît comme une chanson gaie ; IV, 1, VIII, 13 et X, 10 sont des pastorales qui mériteraient un menuet comme illustration musicale ; enfin on peut considérer XII, 25 et XII, 29 comme de véritables symphonies, la première chantant l'amour entre époux et la piété, la seconde vantant la beauté de la charité, mais surtout la recherche de la solitude pour approfondir la connaissance de soi-même : il est visible que le poète a fait dans ces deux poèmes, qui n'ont de fable que le nom, un effort vers la grandeur des sentiments et la splendeur de l'expression musicale.

La Fontaine peut donc être appelé *le virtuose* de la « transmutation poétique » selon Mme Kohn, de la « sublimation poétique » selon Simon ; selon Collinet, « interprète de l'universel concert, dont il tire la résonance morale, il traduit le multiple message de la nature par un jeu délicat d'équivalences poétiques » : c'est vraiment un « enchanteur ».

5 Le fabuliste devant son siècle et devant l'avenir

- **La Fontaine miroir de son siècle** : il subit l'influence de *L'Astrée* (1607-25) d'Honoré d'Urfé, qui lui suggère certains mots, certaines périphrases mythologiques pour les phénomènes naturels et les dieux, certains pluriels poétiques, et pour sa description des paysages, présentant surtout des lignes, non des couleurs, et qui suggèrent plus qu'ils ne font vraiment voir. Il emprunte aussi des souvenirs aux écrivains **fantaisistes** comme Scarron (*Le Roman comique,* 1651) et Sorel (*Francion,* 1622) ; il peint les dieux comme de simples humains en les ridiculisant parfois, il est burlesque. Il se rappelle les boniments de la foire dans IX, 3, 4, et a pris le nom de Garo (IX, 4) au *Pédant joué* (1654) de Cyrano de Bergerac. Il a aimé l'héroï-comique qui sera codifié par Boileau dans *Le Lutrin* (1673-1683) et qui consiste à ennoblir gens et choses vulgaires ou les humbles animaux.

Il est influencé par les **moralistes** : il laisse apparaître une pensée janséniste dans XII, 29, emprunte à La Rochefoucauld (*Maximes,* 1678) trois idées de *Fables* (I, 7 ; I, 11 ; X, 14) et fait songer, par son réalisme pessimiste, aux *Caractères* de La Bruyère (1688-1696), par son indépendance d'esprit et d'art, à Molière, qui comme lui se moque des règles.

- **La Fontaine précurseur du XVIIIe siècle** : il annonce le matérialisme de **Diderot** par son étude du problème de la nature de l'âme et sa conviction que l'Homme n'est qu'un Animal un peu plus complexe (*Discours ;* XII, 26). Il annonce **Vauvenargues** et Diderot par sa croyance à la nécessité des passions (*Discours ;* XII, 20) ; il annonce **Voltaire** par son esprit pacifiste et anticolonialiste, par sa recherche du bonheur terrestre (IX, 2) et son goût pour le travail fécond (V, 9) ; il annonce **Rousseau** par son penchant pour la Nature innocente, heureuse et consolatrice, où l'Homme peut trouver la félicité, par sa défense de l'utilité du travail manuel et de l'égalité entre tous les humains, Rois ou Bergers (X, 15), par sa vision du « Bon Sauvage » (VI, 20).

Le précurseur du XIXe siècle : avant **Lamartine** il proclame le droit à la jouissance immédiate, la souveraineté de l'amour, la bonté infinie de Dieu (IX, 4) ; avant **Balzac** il réalise une « Comédie humaine » de quatre cent soixante-neuf personnages : cent trente-huit hommes et femmes, cent vingt-cinq animaux, quatre-vingt-cinq personnages mythologiques, quatre-vingts personnages historiques, légendaires, etc. Avant **Théophile Gautier** il préconise « l'art pour l'art » et l'utilisation du vers « langue des dieux » ; avant **Verlaine** il devine le potentiel musical du vers français.

- **Il annonce le XXe siècle** : comme Courteline il proteste violemment contre la foule stupide, la méchanceté humaine, l'avarice ; avant 1960 il prêche l'anticolonialisme et affirme que tous les peuples se valent (XI, 7) ; il est le 1er d'une série d'écrivains aimant et décrivant les animaux, de Victor Hugo à Madame Colette, Jammes et Léautaud ; avant 1970 il fonde l'écologie, qui veut respecter la Nature et prôner la défense de la terre comme des bêtes contre la fureur de l'homme.

- **La critique : admiration et condamnation** : à son époque Mme de Sévigné, Bayle, Furetière, La Bruyère chantent les louanges de ses *Fables ;* au XVIIIe siècle Vauvenargues, Voltaire, Chamfort, Marmontel vantent sa grâce et son génie. L'Allemand Goethe loue sa valeur poétique et psychologique ; au XIXe siècle Stendhal déclare son *« amour »* pour le fabuliste, Sainte-Beuve le qualifie de *« notre seul grand poète personnel et rêveur avant Chénier »,* Chateaubriand en fait son *« dieu »,* La Mennais le nomme *« fleur des Gaules »,* Balzac parle de sa *« divine fable »,* George Sand de *« ses adorables fables »,* Musset de cette *« Fleur de sagesse et de gaîté »,* Victor Hugo le voit comme vivant de *« la vie contemplative et visionnaire »,* s'absorbant dans la Nature, comprenant la langue des animaux, entrant *« en communication avec la Nature »,* et inspiré par Dieu : *« le fablier » ;*

au XXᵉ siècle Anatole France admire les « *trésors* » de sa langue, Paul Valéry « *le comble de l'art* », Gide ce « *miracle de culture* », Francis Jammes lui consacre un recueil. Mais **d'autres le condamnent** : Voltaire l'accuse d'avoir « *déformé la langue* », Rousseau de déformer la jeunesse par sa morale dangereuse, Napoléon Iᵉʳ aussi, Lamartine condamne sa « *philosophie dure, froide et égoïste* », Rimbaud le déteste, Paul Éluard lui reproche d'avoir copié Ésope, Phèdre, Horace, etc., et refuse de l'admettre dans son *Anthologie poétique* de 1951 : et pourtant les *Fables* sont constamment étudiées dans les classes depuis le XVIIᵉ siècle : 125 éditions au XVIIIᵉ siècle, 1 200 au XIXᵉ siècle.

- **La fable après La Fontaine** : les imitateurs sont légion en France comme dans le reste du monde. En France, par exemple, dès le XVIIᵉ siècle Perrault, Benserade, Boursault, Le Noble, Mme de Villedieu et ses fables galantes, Furetière inventeur de sujets, Fénelon ; au XVIIIᵉ siècle La Motte-Houdar, Grécourt, l'abbé Aubert et ses fables antiphilosophiques, Saint-Lambert et ses fables philosophiques, Dorat et ses fables allégoriques, Imbert et ses fables spirituelles, Florian, le plus connu, et ses cent fables en tous genres, Boisard, le plus fécond, avec ses *Mille et une Fables ;* au XIXᵉ siècle les fables satiriques et morales d'Arnault, les *Fables sénégalaises* du baron Roger, les fables moralisatrices de Jussieu, les fables socialistes de Lachambeaudie, les fables moralisantes de Viennet ; au XXᵉ siècle Franc-Nohain met les fables à la mode en mêlant les inventions modernes aux animaux et en imaginant des titres drôles : *Le Bouc qui s'était fait raser à l'américaine ;* Jean Dutourd, très brillant, recrée treize fables de La Fontaine en les mettant au goût de notre temps dans *Le Crépuscule des Loups* (1971), Jacques Austruy s'amuse à envisager de « réécrire les Fables du point de vue des techniques de réussite » : *Le Prince et le patron* (1972).

Dans le monde, voici en Allemagne Gellert et surtout Lessing, qui refait certaines *Fables* en leur donnant une fin « morale » (1759), au Canada Le May (1882), en Colombie Rafael Pombo (1900), en Espagne Samaniego et ses cent quarante-sept Fables morales (1781-84), Tomas de Iriarte et ses quatre-vingts *Fables littéraires* (1781), en Grande-Bretagne

Gay et ses fables politiques et morales (1727-38), au Guatemala Rafael Garcia Goyena qui mêle les animaux locaux aux fables (1800), en Hollande les fables spirituelles de Jacob Cats (1630), en Hongrie Jozsef Péczeli qui transpose les fables (1750-52) et Cruzor qui les applique aux réalités de son époque (1850), en Italie les ingénieuses fables de Pignotti (1779), en Pologne les apologues de Biernat de Lublin (1522), et les adaptations de Niemirycz (1699), Mickiewicz (1850), en Roumanie celles d'Anton Pann (1860), en Russie Dmitrief (1830) et les cent quatre vingt dix neuf fables de Krilof (1840), en Suède Gyllenborg (1870), en Suisse Porchat (1826-54).

Conclusion

Partout imitées, les *Fables* de La Fontaine restent pourtant inimitables : comment expliquer ce phénomène ?

Avant tout par leur **originalité** : la fable, avant La Fontaine simple apologue, est devenue un conte d'une infinie variété, offrant des charmes secrets dus à un travail acharné mais invisible ; ainsi prend-elle l'aspect d'une immense comédie animale et humaine, à la fois dramatique, épique et lyrique, où s'agite tout un monde de quatre cent soixante-neuf personnages divers au milieu desquels on voit apparaître Dieu.

Mais, débordant le cadre étroit du conte moralisant mêlant le comique au tragique, le grotesque au sublime, le fabuliste s'est transformé en **dramaturge** qui réalise des petites comédies, des drames, des tragédies, et en **poète,** qui imagine des idylles, des hymnes, des pastorales, des épigrammes, des églogues, en mêlant les tons, les rythmes et la musique.

Le fabuliste, lucide et sans illusion sur l'homme, lui adresse, à travers ses deux cent quarante *Fables,* un triple message : **psychologique,** il dénonce les vices généralisés dans toute l'humanité, à tous les âges, dans toutes les catégories sociales, nous plongeant dans un noir pessimisme ; **moral,** il stigmatise nos passions, dont nous sommes esclaves : les 3 A, l'amour, l'argent, l'ambition, et nous donne une noble leçon de bonté, d'humilité, de solidarité ; **humain,** il désespère de l'homme imperfectible, incapable de communication avec les autres sauf dans l'amitié et dans l'amour vrai, grâce au *« cœur qui fait tout »,* et conseille, en préservant la liberté, de jouir vite de la vie grâce à la Nature confidente et consolatrice, au rêve qui permet l'évasion, à la sagesse raisonnable, et en ayant confiance dans la divine Providence, qui veille sur nous.

Enfin les *Fables,* si profondes malgré leur puérilité apparente, et qui laissent deviner les idées personnelles de l'auteur, sont remplies de *« grâces légères »,* car le poète est un artiste de la langue, un magicien du style aux nuances infinies, un virtuose de la versification aux innombrables arabesques.

Bibliographie

SUR LA VIE ET L'ŒUVRE

- Pierre CLARAC, *La Fontaine, l'homme et l'œuvre,* Hatier, 1959 - une brillante étude générale par un éminent spécialiste du fabuliste.
- Sur les animaux, Konrad LORENZ, *Essai sur le comportement animal et humain,* le Seuil, 1970 - le point de vue d'un savant moderne qui détruit les idées traditionnelles de La Fontaine.
- Sur la morale, Pierre MICHEL, *Continuité de la sagesse française,* S.E.D.E.S., 1965 - la filière morale qui mène de Rabelais à Montaigne et La Fontaine, puis au XVIIIe et XIXe siècle.
- Sur le goût antique de La Fontaine, P. ALBOUY, *Mythes et mythologie dans la littérature française,* Colin, 1969 - aide à faire comprendre le paganisme littéraire du fabuliste.
- Sur l'écologiste, N. SKROTZKY *La Nature n'en peut plus,* Documentation française, 1971 - une étude saisissante et objective de la destruction systématique des divers aspects de la Nature par suite des méfaits de la Science.
- Sur le chrétien, Jacques PETIT, *La Fontaine à la rencontre de Dieu,* Nizet, 1971 - une étude du catholicisme du poète, de sa conception de Dieu, de son retour final à la religion.
- Jean ORIEUX, *La Fontaine,* Flammarion, 1976, une biographie très documentée et qui restitue l'univers amical et humain du poète.

SUR LES FABLES

- Pierre BORNECQUE, *La Fontaine fabuliste,* S.E.D.E.S., 1975 - l'étude la plus complète, au courant des dernières recherches des critiques, par l'auteur de ce « Profil d'une œuvre », spécialement destinée aux étudiants des Universités.

- René JASINSKI, *La Fontaine et le premier recueil des Fables,* Nizet, 1965 - un point de vue nouveau sur les *Fables,* la découverte de leur vrai visage, une satire politique, par un des maîtres de la critique littéraire.
- Mme Odette de MOURGUES, *Ô Muse, fuyante proie !* Corti, 1962 - une fine étude de la poésie délicieuse des *Fables.*
- RICHARD, *La Fontaine et les Fables du 2e recueil,* Nizet, 1972 - une critique intéressante des L. VII à XII.

SUR L'ART DU FABULISTE

- Jean-Pierre COLLINET, *Le Monde littéraire de La Fonaine,* P.U.F., 1970 - une vue saisissante de l'univers poétique et artistique, une critique passionnante et complète.
- Mme Renée KOHN, *Le Goût de la Fontaine,* P.U.F., 1962 - montre comment le goût exquis de La Fontaine crée des merveilles.

POUR LES CLASSES DU SECOND CYCLE

Collection « Œuvres et Thèmes », *Fables* de La Fontaine, Hatier, 1977.

TABLE DES FABLES SUIVANT LES 12 LIVRES

(Éditions Couton, chez Garnier, 1962)

Ier RECUEIL : I-VI

LIVRE I

22 fables, 623 vers + dédicace de 16 vers

1. *La Cigale et la Fourmi*
2. *Le Corbeau et le Renard*
3. *La Grenouille qui se veut faire aussi grosse que le Bœuf*
4. *Les Deux Mulets*
5. *Le Loup et le Chien*
6. *La Génisse, la Chèvre et la Brebis, en société avec le Lion*
7. *La Besace*
8. *L'Hirondelle et les petits Oiseaux*
9. *Le Rat de ville et le Rat des champs*
10. *Le Loup et l'Agneau*
11. *L'Homme et son image*
12. *Le Dragon à plusieurs têtes, et le Dragon à plusieurs queues*
13. *Les Voleurs et l'Ane*
14. *Simonide préservé par les Dieux*
15. *La Mort et le Malheureux*
16. *La Mort et le Bûcheron*
17. *L'Homme entre deux âges, et ses deux Maîtresses*
18. *Le Renard et la Cigogne*
19. *L'Enfant et le Maître d'école*
20. *Le Coq et la Perle*
21. *Les Frelons et les Mouches à miel*
22. *Le Chêne et le Roseau*

LIVRE II

20 fables, 681 vers

1. *Contre ceux qui ont le goût difficile*
2. *Conseil tenu par les Rats*
3. *Le Loup plaidant contre le Renard par-devant le Singe*
4. *Les Deux Taureaux et une Grenouille*
5. *La Chauve-Souris et les deux Belettes*
6. *L'Oiseau blessé d'une flèche*
7. *La Lice et sa compagne*
8. *L'Aigle et l'Escarbot*
9. *Le Lion et le Moucheron*
10. *L'Ane chargé d'éponges, et l'Ane chargé de sel*
11. *Le Lion et le Rat*
12. *La Colombe et la Fourmi*
13. *L'Astrologue qui se laisse tomber dans un puits*
14. *Le Lièvre et les Grenouilles*
15. *Le Coq et le Renard*
16. *Le Corbeau voulant imiter l'Aigle*

17. *Le Paon se plaignant à Junon*
18. *La Chatte métamorphosée en femme*
19. *Le Lion et l'Ane chassant*
20. *Testament expliqué par Ésope*

LIVRE III

18 fables, 574 vers

1. *Le Meunier, son Fils et l'Ane*
2. *Les Membres et l'Estomac*
3. *Le Loup devenu Berger*
4. *Les Grenouilles qui demandent un Roi*
5. *Le Renard et le Bouc*
6. *L'Aigle, la Laie et la Chatte*
7. *L'Ivrogne et sa Femme*
8. *La Goutte et l'Araignée*
9. *Le Loup et la Cigogne*
10. *Le Lion abattu par l'Homme*
11. *Le Renard et les Raisins*
12. *Le Cygne et le Cuisinier*
13. *Les Loups et les Brebis*
14. *Le Lion devenu vieux*
15. *Philomèle et Progné*
16. *La Femme noyée*
17. *La Belette entrée dans un grenier*
18. *Le Chat et un vieux Rat*

LIVRE IV

22 fables, 842 vers

1. *Le Lion amoureux*
2. *Le Berger et la Mer*
3. *La Mouche et la Fourmi*
4. *Le Jardinier et son Seigneur*
5. *L'Ane et le petit Chien*
6. *Le Combat des Rats et des Belettes*
7. *Le Singe et le Dauphin*
8. *L'Homme et l'Idole de bois*
9. *Le Geai paré des plumes du Paon*
10. *Le Chameau et les Bâtons flottants*
11. *La Grenouille et le Rat*
12. *Tribut envoyé par les animaux à Alexandre*
13. *Le Cheval s'étant voulu venger du Cerf*
14. *Le Renard et le Buste*
15. *Le Loup, la Chèvre et le Chevreau*
16. *Le Loup, la Mère et l'Enfant*
17. *Parole de Socrate*
18. *Le Vieillard et ses Enfants*
19. *L'Oracle et l'Impie*
20. *L'Avare qui a perdu son trésor*
21. *L'Œil du Maître*
22. *L'Alouette et ses Petits, avec le Maître d'un champ*

LIVRE V

21 fables, 522 vers

1. *Le Bûcheron et Mercure*
2. *Le Pot de terre et le Pot de fer*
3. *Le Petit Poisson et le Pêcheur*
4. *Les Oreilles du Lièvre*
5. *Le Renard ayant la queue coupée*

6. *La Vieille et les deux Servantes*
7. *Le Satyre et le Passant*
8. *Le Cheval et le Loup*
9. *Le Laboureur et ses Enfants*
10. *La Montagne qui accouche*
11. *La Fortune et le Jeune Enfant*
12. *Les Médecins*
13. *La Poule aux œufs d'or*
14. *L'Ane portant des reliques*
15. *Le Cerf et la Vigne*
16. *Le Serpent et la Lime*
17. *Le Lièvre et la Perdrix*
18. *L'Aigle et le Hibou*
19. *Le Lion s'en allant en guerre*
20. *L'Ours et les Deux Compagnons*
21. *L'Ane vêtu de la peau du Lion*

LIVRE VI

21 fables, 596 vers + épilogue de 15 vers

1. *Le Pâtre et le Lion*
2. *Le Lion et le Chasseur*
3. *Phébus et Borée*
4. *Jupiter et le Métayer*
5. *Le Cochet, le Chat et le Souriceau*
6. *Le Renard, le Singe et les Animaux*
7. *Le Mulet se vantant de sa généalogie*
8. *Le Vieillard et l'Ane*
9. *Le Cerf se voyant dans l'eau*
10. *Le Lièvre et la Tortue*
11. *L'Ane et ses Maîtres*
12. *Le Soleil et les Grenouilles*
13. *Le Villageois et le Serpent*
14. *Le Lion malade et le Renard*
15. *L'Oiseleur, l'Autour et l'Alouette*
16. *Le Cheval et l'Ane*
17. *Le Chien qui lâche sa proie pour l'ombre*
18. *Le Chartier embourbé*
19. *Le Charlatan*
20. *La Discorde*
21. *La Jeune Veuve*

Épilogue

2e RECUEIL : VII-XI

87 fables : 4 324 vers

LIVRE VII

17 fables, 843 vers + dédicace de 41 vers

Avertissement en prose

A Mme de Montespan

1. *Les Animaux malades de la peste*
2. *Le Mal marié*
3. *Le Rat qui s'est retiré du monde*
4. *Le Héron - La Fille*
5. *Les Souhaits*
6. *La Cour du Lion*
7. *Les Vautours et les Pigeons*
8. *Le Coche et la Mouche*
9. *La Laitière et le Pot au lait*
10. *Le Curé et le Mort*
11. *L'Homme qui court après la Fortune, et l'Homme qui l'attend dans son lit*
12. *Les Deux Coqs*

13. *L'Ingratitude et l'injustice des hommes envers la Fortune*
14. *Les Devineresses*
15. *Le Chat, la Belette et le Petit Lapin*
16. *La Tête et la Queue du Serpent*
17. *Un Animal dans la lune*

LIVRE VIII

27 fables, 1 227 vers

1. *La Mort et le Mourant*
2. *Le Savetier et le Financier*
3. *Le Lion, le Loup et le Renard*
4. *Le Pouvoir des Fables*
5. *L'Homme et la Puce*
6. *Les Femmes et le Secret*
7. *Le Chien qui porte à son cou le dîné de son Maître*
8. *Le Rieur et les Poissons*
9. *Le Rat et l'Huître*
10. *L'Ours et l'Amateur des Jardins*
11. *Les Deux Amis*
12. *Le Cochon, la Chèvre et le Mouton*
13. *Tircis et Amarante*
14. *Les Obsèques de la Lionne*
15. *Le Rat et l'Éléphant*
16. *L'Horoscope*
17. *L'Ane et le Chien*
18. *Le Bassa et le Marchand*
19. *L'Avantage de la Science*
20. *Jupiter et les Tonnerres*
21. *Le Faucon et le Chapon*
22. *Le Chat et le Rat*
23. *Le Torrent et la Rivière*
24. *L'Éducation*
25. *Les Deux Chiens et l'Ane mort*
26. *Démocrite et les Abdéritains*
27. *Le Loup et le Chasseur*

LIVRE IX

19 fables, 750 vers + *Discours à Mme de La Sablière :* 237 vers : total : 987 vers

1. *Le Dépositaire infidèle*
2. *Les Deux Pigeons*
3. *Le Singe et le Léopard*
4. *Le Gland et la Citrouille*
5. *L'Écolier, le Pédant et le Maître d'un jardin*
6. *Le Statuaire et la Statue de Jupiter*
7. *La Souris métamorphosée en Fille*
8. *Le Fou qui vend la sagesse*
9. *L'Huître et les Plaideurs*
10. *Le Loup et le Chien maigre*
11. *Rien de trop*
12. *Le Cierge*
13. *Jupiter et le Passager*
14. *Le Chat et le Renard*
15. *Le Mari, la Femme et le Voleur*
16. *Le Trésor et les Deux Hommes*
17. *Le Singe et le Chat*
18. *Le Milan et le Rossignol*
19. *Le Berger et son troupeau*

LIVRE X

15 fables, 703 vers

1. *L'Homme et la Couleuvre*
2. *La Tortue et les deux Canards*
3. *Les Poissons et le Cormoran*
4. *L'Enfouisseur et son Compère*
5. *Le Loup et les Bergers*
6. *L'Araignée et l'Hirondelle*
7. *La Perdrix et les Coqs*
8. *Le Chien à qui on a coupé les oreilles*
9. *Le Berger et le Roi*
10. *Les Poissons et le Berger qui joue de la flûte*
11. *Les Deux Perroquets, le Roi, et son Fils*
12. *La Lionne et l'Ourse*
13. *Les Deux Aventuriers et le Talisman*
14. *Discours à M. le duc de La Rochefoucauld*
15. *Le Marchand, le Gentilhomme, le Pâtre, et le Fils de Roi*

LIVRE XI

9 fables, 500 vers + épilogue de 23 vers

1. *Le Lion*
2. *Les Dieux voulant instruire un fils de Jupiter*
3. *Le Fermier, le Chien et le Renard*
4. *Le Songe d'un habitant du Mogol*
5. *Le Lion, le Singe et les deux Anes*
6. *Le Loup et le Renard*
7. *Le Paysan du Danube*
8. *Le Vieillard et les trois jeunes Hommes*
9. *Les Souris et le Chat-Huant*

Épilogue

3e RECUEIL

LIVRE XII

29 fables, 2 453 vers + dédicace en prose

Dédicace à Monseigneur le duc de Bourgogne

1. *Les Compagnons d'Ulysse*
2. *Le Chat et les deux Moineaux*
3. *Du Thésauriseur et du Singe*
4. *Les Deux Chèvres*

A Monseigneur le duc de Bourgogne

5. *Le Vieux Chat et la Jeune Souris*
6. *Le Cerf malade*
7. *La Chauve-Souris, le Buisson et le Canard*
8. *La Querelle des Chiens et des Chats, et celle des Chats et des Souris*
9. *Le Loup et le Renard*
10. *L'Écrevisse et sa Fille*
11. *L'Aigle et la Pie*
12. *Le Milan, le Roi, et le Chasseur*
13. *Le Renard, les Mouches, et le Hérisson*

14. *L'Amour et la Folie*
15. *Le Corbeau, la Gazelle, la Tortue et le Rat*
16. *La Forêt et le Bûcheron*
17. *Le Renard, le Loup et le Cheval*
18. *Le Renard et les Poulets d'Inde*
19. *Le Singe*
20. *Le Philosophe scythe*
21. *L'Éléphant et le Singe de Jupiter*
22. *Un Fou et un Sage*
23. *Le Renard anglais*
24. *Daphnis et Alcimadure*
25. *Philémon et Baucis*
26. *La Matrone d'Éphèse*
27. *Belphégor*
28. *Les Filles de Minée*
29. *Le Juge arbitre, l'Hospitalier, et le Solitaire.*

Lexique

APOLOGUE. Même sens que *fable :* récit allégorique contenant, sous une fiction facile à deviner, une vérité exprimée dans la morale.

BRAHMANE. Membre de la caste sacerdotale en Inde ; la religion brahmanique, dominée par trois dieux, Brahma, Vishnou, et Civa, est celle de la majorité des six cent vingt-cinq millions d'habitants de la République Indienne (IX, 7, *Bramin*).

CHAPELAIN. Poète (1595-1674), arbitre de la littérature et véritable « ministre des pensions royales » de 1640 à 1660.

COLBERT. (1619-1683), principal ministre de Louis XIV, membre de l'Académie Française, ennemi de La Fontaine et principal artisan de la chute de Fouquet, ministre des Finances (1661).

COMPLIMENT. Au sens littéraire, poème plus ou moins long, adressé à un grand personnage pour obtenir ses faveurs ou simplement le flatter.

CUPIDON. Dieu romain de l'Amour (Éros grec) (XII, 14).

DÉMOCRITE. Philosophe grec (460-370 av. J.-C.) : il fait consister l'Être en une infinité d'atomes et affirme que la modération dans les désirs apporte le bonheur (VIII, 26).

DIDACTIQUE. Ouvrage dans lequel l'auteur s'efforce d'instruire son lecteur.

DILETTANTISME. Caractère de celui qui s'occupe de choses très variées, souvent en amateur.

ÉCOLOGIE. Mot de 1904 signifiant d'abord : partie de la biologie étudiant les milieux où vivent et se reproduisent les êtres vivants et les rapports de ces êtres avec leur milieu naturel. Depuis 1973 environ, signifie : défense de la Nature, des plantes et des animaux détruits par la civilisation moderne.

ÉGLOGUE. Peinture champêtre en action (IX, 2).

ÉPIGRAMME. 1. Petite pièce de vers (de 2 à 6) se terminant par un trait satirique et destinée à ridiculiser un ennemi. 2. Par extension de sens, La Fontaine a écrit 21 fables-épigrammes, généralement courtes, contre les conquérants (I,13), les astrologues (II, 13), les hommages trompeurs (III, 10), etc.

ÉPOPÉE. Récit en vers d'aventures héroïques où interviennent soit le merveilleux païen (Homère, *L'Iliade, L'Odyssée*), soit le merveilleux chrétien (Dieu, la Sainte Vierge, les saints) : ex. *La Chanson de Roland* (1080).

FOUQUET. (1615-1680), ministre des Finances sous Mazarin et le début du règne de Louis XIV ; protecteur des artistes et des écrivains, dont La Fontaine, jusqu'à son arrestation le 5 septembre 1661 pour malversations.

GASSENDI. (1592-1655), chanoine de Digne, il professe un épicurisme chrétien qui a fortement influencé La Fontaine.

HOBBES. (1588-1679), philosophe anglais. Le Loup de XII, 1 s'inspire de sa formule *Homo homini lupus* (l'homme est un loup pour l'homme), v. 94 : *« Ne vous êtes-vous pas l'un à l'autre des Loups ? »*

HOMÈRE. Poète épique grec du IXe siècle av. J.-C., auteur de *L'Iliade,* histoire de la guerre de Troie, et de *L'Odyssée,* récit des dix années d'aventures d'Ulysse (Odysseus) après cette guerre.

HYMNE. Chant, cantique ou poème en l'honneur des dieux ou des héros antiques, de nos jours en l'honneur de Dieu, de la Sainte Vierge ou des saints : IX, 6 est un hymne en l'honneur, par extension de sens, de l'imagination créatrice des dieux.

IDYLLE. Poème peignant de tendres sentiments : XII, 24 est une idylle mythologique imitée d'Ovide, poète latin (43 av. J.-C.-14 ap. J.-C.), et décrivant l'amour perpétuel, dans le mariage, de Philémon et Baucis.

LEIBNIZ. Philosophe allemand (1646-1716), qui a développé dans sa *Monadologie* (1714) l'idée d'une harmonie préétablie entre tous les êtres, dont il conclut que « tout est pour le mieux dans le meilleur des mondes possibles » ; Voltaire, dans *Candide* (1759), ruinera cette théorie, que semble défendre La Fontaine lorsqu'il écrit : « *Dieu fait bien ce qu'il fait* » (IX, 4, v. 1) et surtout dans XII, 8, v. 38-41.

Il existe là une contradiction dans l'esprit du fabuliste : comment peut-il affirmer que Dieu fait tout bien, et en même temps écrire au début de XII, 8 : « *La Discorde a toujours régné dans l'Univers ; / Notre monde en fournit mille exemples divers* » ?

LIBERTIN. Au XVIIe siècle : incrédule en religion ; de nos jours, de mauvaises mœurs.

LUCRÈCE. Philosophe latin (98-55 av. J.-C.), qui, dans son livre *De la nature des choses,* expose la théorie du philosophe grec Épicure (341-270 av. J.-C.) : le bonheur vient du plaisir calme et modéré, beaucoup de vertus sont un moyen de trouver le plaisir, qui ne consiste pas du tout dans la recherche des jouissances uniquement matérielles, comme le croient à tort les *épicuriens.*

MAÏEUTIQUE. Art imaginé par le philosophe grec Socrate (469-399 av. J.-C.) de faire découvrir à son interlocuteur la vérité qu'il possède en lui grâce à une série de questions habilement posées.

MAÎTRE DES EAUX ET FORÊTS. Administrateur spécialisé chargé de la délimitation des forêts de l'État, de leur plantation et de leur conservation, de l'adjudication des coupes, ainsi que de la surveillance des rivières et fleuves. Au XVIIe siècle, La Fontaine exerçait à peu près les mêmes fonctions sans aucune préparation, puisque sa charge s'achetait.

MONNAIES DU XVIIe SIÈCLE. Le louis d'or = 20 francs ou livres = 400 F de 1979. - Un écu = 3 livres = 60 F. - Une pistole = 10 l. = 200 F. - Une livre = 20 F. - Il y a 20 sous dans 1 livre, donc 1 sou = 1 F ; 1 *sou* comprend 15 deniers, donc 1 *denier*=un peu plus de 6 de nos centimes. - La pièce de *six blancs,* créée en 1656 (voir IX, 3, v. 23), valait 2 sous et demi, soit 2,50 F.

- La *maille,* petite monnaie de billon utilisée sous les rois capétiens, n'était plus au XVIIe siècle qu'une monnaie de compte, qui valait un demi-denier : d'où l'expression « avoir maille à partir » = avoir un demi-denier à partager, d'où se disputer avec quelqu'un pour très peu de chose.

- Le *liard* était une ancienne monnaie de cuivre valant 3 deniers, mais qui n'était plus utilisée que dans l'expression : « n'avoir pas un liard » = être complètement sans argent.

NOUVELLE. Court récit en général fondé sur un fait réel, alors que le *conte* rapporte des faits imaginaires : *Belphégor* (XII, 27) est un conte tiré de Machiavel, non une nouvelle.

PARLEMENT. Au XVIIe siècle, cour souveraine de justice composée de magistrats achetant leur charge, suivant le vieux principe de la vénalité des charges.

PASTORALE. Poème ou fable dont les personnages sont des bergers souvent conventionnels : VIII, 13 et X, 10.

PERRAULT. Charles (1628-1703) prit parti pour les *Modernes* dans la *Querelle des Anciens et des Modernes ;* est surtout connu pour ses contes de fées (1697).

PSYCHÉ. Grec *psyche* = l'âme : le mythe de cette jeune fille d'une grande beauté, aimée par Éros, est interprété comme symbolisant la destinée de l'âme déchue qui, après de nombreuses épreuves, s'unit pour toujours à l'amour divin.

COLLECTION PROFIL

Imprimé en France par MAURY-IMPRIMEUR S.A. – 45330 Malesherbes
Dépôt légal : 4ᵉ trimestre 1979
N° d'édition : 4289 – N° d'impression : K79/7758